Ein Kampf ohne Verbündete und ohne Erfolg.

Der Nationalsozialistische Deutsche Studentenbund und die Bonner Allgemeine Studentische Arbeitsgemeinschaft

Ein Kampf ohne Verbündete und ohne Erfolg.

Der Nationalsozialistische Deutsche Studentenbund und die Bonner Allgemeine Studentische Arbeitsge-meinschaft

Gabriel Peter Weiß

IMPRESSUM

Bibliografische Information der Deutschen Nationalbibliothek: Die Deutsche Nationalbibliothek verzeich-
net diese Publikation in der Deutschen Nationalbibli-
ografie; detaillierte bibliografische Daten sind im
Internet über dnb.dnb.de abrufbar.

© 2023 Gabriel Peter Weiß

Herstellung und Verlag: BoD – Books on Demand, Norderstedt

ISBN: 9783757886905

Ein Kampf ohne Verbündete und ohne Erfolg habe ich ursprünglich im Februar 2023 als Bachelorarbeit im Fach Geschichte an der Universität Bonn eingereicht. Ich möchte an dieser Stelle zunächst Dr. Christoph Studt, der für die Bachelorarbeit als Erstkorrektor fungierte und mich in dieser Rolle mit viel Geduld beraten und unterstützt hat, danken.

Des Weiteren gilt mein Dank der Burschenschaft Alemannia Bonn, dem KStV Arminia Bonn und dem Ring Katholisch Deutscher Burschenschaften, die mir großzügigerweise Ihre Archive geöffnet haben.

Die Veröffentlichung dieser Arbeit ist kommt nur zustande, weil die Ferdinand-Friedensburg-Stiftung sie mit dem Ferdinand-Friedensburg-Preis ausgezeichnet hat. Ich danke der Stiftung von ganzem Herzen für diese Würdigung.

Ich danke außerdem meinen Freunden Vaneh und Cornelius, die bereit waren den Text meiner Arbeit Korrektur zu lesen.

Letztlich gilt mein Dank meinen Eltern, ohne die mein Studium und folglich auch diese Arbeit nicht möglich gewesen wären.

Bonn am 10.10.2023

Gabriel Weiß

Inhalt

Einleitung

Das Phänomen einer stark politisierten und staatsfeindlichen Studentenschaft wird in der modernen Bundesrepublik Deutschland vermutlich in erster Linie mit den Studentenunruhen der späten sechziger Jahre und dem darauffolgenden RAF-Terror assoziiert. Dass eine Radikalisierung der akademischen Jugend 1968 nichts Neues war, scheint weitestgehend in Vergessenheit geraten zu sein. Denn spätestens ab der Mitte der 1920er Jahre entwickelte sich die Grundstimmung an fast allen deutschen Universitäten in eine entschieden antidemokratische und folglich ‚systemfeindliche' Richtung. Der Historiker Wolfgang Zorn sah sich 1970 veranlasst, im *Journal of Contemporary History* die Parallelen zwischen den beiden Studentenjahrgängen zu ziehen, was dafürspricht, dass die beiden Entwicklungen zu diesem Zeitpunkt noch miteinander assoziiert wurden. Er kam dabei zu dem Schluss, dass „a young generation of university students [...] protesting against a parliamentary administration and a political ‚establishment'" das volle Ausmaß der Gemeinsamkeiten ausmachte.[1]

Der Unterschied in Bonn war allerdings drastischer als in anderen deutschen Universitätsstädten. Während die Ereignisse an der Rheinischen Friedrich-Wilhelms-Universität sich in der zweiten Hälfte des 20. Jahrhunderts kaum von denen an anderen westdeutschen Universitäten unterschieden,[2] galt die Bonner Studentenschaft 40 Jahre zuvor noch als vergleichs-

---

[1] Zorn, Wolfgang, Student Politics in the Weimar Republic, in: JCH 5, S. 128.
[2] Hillgruber, Christian, Studentenproteste und Hochschulreform (1965-1991), in: Geppert, Dominik (hg.), Forschung und Lehre im Westen Deutschlands 1918-2018 (Geschichte der Universität Bonn, Band 2), Göttingen 2018, S. 310f.

weise republiktreu und moderat. So waren nationalsozialistische Studenten in vielen deutschen Studentenschaften schon
1931 in der Mehrheit und konnten 1932 bereits die Deutsche
Studentenschaft (DSt), den übergeordneten Dachverband
deutschsprachiger Studentenschaften, fest unter die Kontrolle
des Nationalsozialistischen Deutschen Studentenbundes
(NSDStB) bringen. Im Vergleich dazu erscheint das Viertel der
Bonner Studenten, die 1932 bei der Wahl der örtlichen studentischen Kammer, der Allgemeinen Studentischen Arbeitsgemeinschaft (ASTAG), für den NSDStB gestimmt hatten, als
eine außergewöhnlich kleine Minderheit.

Der Grund für die Resilienz der Bonner Studenten gegenüber
dem zunächst antirepublikanischen und völkischen[3] und später nationalsozialistischen Geist, der die Studentenschaft an
fast allen deutschen Universitäten in der zweiten Hälfte der
zwanziger Jahre ergriff, wird in den meisten Untersuchungen
zu dieser Zeit in dem hohen Anteil katholischer Studenten an
der rheinischen Universität gesucht.[4] Diese machten in der
Weimarer Zeit rund die Hälfte der Studenten an den Bonner
Hochschulen aus, was fast dem Doppelten des Durchschnitts
der Universitäten im Deutschen Reich entsprach.[5] Es ist auch

---

[3] Für eine genauere Untersuchung der völkischen Ideologie vgl.:
Zorn, Student Politics, S. 132f.
[4] Vgl. z.b.: Kater, Michael H., Studentenschaft und Rechtsradikalismus in Deutschland 1918-1933. Eine sozialgeschichtliche Studie zur
Bildungskriese in der Weimarer Republik (Historische Perspektiven
1), Hamburg 1975, S. 142; Faust, Anselm, Der Nationalsozialistische
Deutsche Studentenbund. Studenten und Nationalsozialismus in der
Weimarer Republik. Band 1, Düsseldorf 1973, S. 81.
[5] Schulz, Günther, Lanzerath, David, Besatzungszeit und demokratische Öffnung (1918-1933), in: Geppert, Dominik (hg.), Forschung

richtig, dass die katholischen Bonner Studenten, die im Hochschulparlament durch drei oder mehr Listen vertreten waren, den größten Wählerblock darstellten.

Den katholischen Listen stand aber in allen Wahlperioden zwischen 1930 und 1933 eine ähnlich starke Gruppe rechter Hochschulparteien gegenüber, in der nationalsozialistische Stimmen zunehmend an Dominanz gewannen. Die nichtnationalsozialistischen Rechtsgruppen, also der Bonner Waffenring, ein Zusammenschluss fechtender (im Studentenjargon: schlagender) Verbindungen, und der Nationale Hochschulblock, in dem verschiedene kleinere rechte Gruppen zusammengefasst waren, verweigerten allerdings trotz aller ideologischen Gemeinsamkeiten dem NSDStB ab 1932 die Zusammenarbeit. Der NSDStB fand auch außerhalb des Spektrums der Hochschulpolitik, in dem neben den bereits genannten Gruppen auch noch Republikaner und Sozialisten vertreten waren, nur wenige Verbündete. Weder unter den Hochschullehrern noch in der eigenen Partei konnten die nationalsozialistischen Studenten auf Unterstützung zählen und tatsächlich fanden sich in beiden Gruppen einige ihrer hartnäckigsten Widersacher.

Ziel dieser Arbeit ist es, zu untersuchen, welche Gruppen und Faktoren für die Schwäche des Bonner NSDStB verantwortlich waren und was die Mitglieder dieser Gruppen motiviert hat, sich gegen den nationalsozialistischen Strom an den deutschen Universitäten zu stellen. Zeitlich begrenzt sich diese Untersuchung auf die Jahre zwischen der Gründung der Bonner Ortsgruppe des NSDStB im Dezember 1927 und der soge-

---

und Lehre im Westen Deutschlands 1918-2018 (Geschichte der Universität Bonn, Band 2), Göttingen 2018, S. 50f.

nannten ‚Gleichschaltung' der Universität in Folge der nationalsozialistischen Machtübernahme Anfang 1933. Diese Einschränkung bietet sich an, da dieses Jahr in der Geschichte der Hochschule, neben der Entlassung jüdischer und politisch unliebsamer Dozenten und einem neuen Universitätsrecht, auch ein Ende der demokratisch organisierten studentischen Selbstverwaltung bedeutete.

Zum Zweck dieser Untersuchung folgen zunächst die Geschichte der Bonner studentischen Selbstverwaltung bis 1933 und danach die der Bonner Ortsgruppe des NSDStB, die als Basis für die darauffolgenden Kapitel dienen sollen. Genauer betrachtet wird dann die Haltung der Universitätsverwaltung, da diese maßgeblich für die Rahmenbedingungen verantwortlich war, in denen die Bonner Studenten ihre politischen Auseinandersetzungen austrugen. Darauf folgen die verschiedenen studentischen Gruppen, mit denen der Studentenbund inner- und außerhalb der ASTAG umgehen musste. Das letzte inhaltliche Kapitel wird sich mit den internen Streitigkeiten der Nationalsozialisten auseinandersetzen, da diese zwar kaum einen direkten Einfluss auf die Geschehnisse an der Bonner Universität haben sollten, sich aber durchaus auf die internen und externen Kapazitäten des Bonner NSDStB auswirkten.

Die Forschung rund um den NSDStB und die Radikalisierung der Studenten in der Weimarer Republik ist nichts Neues. Die grundlegenden Werke, namentlich Anselm Fausts zweibändige Analyse der Beziehung zwischen NSDStB und Studentenschaft und Michael Katers Versuch diese Beziehung mit der sozioökonomischen Lage der Studenten in der Weimarer Republik zu erklären, sind bereits fast 50 Jahre alt.[6] Sie bilden weiterhin die Grundlage für nahezu jede Arbeit, die sich auf die Ereignisse in der Studentenschaft der Weimarer Zeit bezieht. Mehr ist seitdem auf lokaler Ebene geschehen.[7] Studien zur Geschichte des NSDStB und der Studentenschaften an den jeweiligen Universitäten haben allerdings häufig mit einem geringen Aktenaufkommen zu kämpfen, das entweder durch die absichtliche Aktenvernichtung im Zuge deutscher Vertuschungsversuche oder durch kriegsbedingte Kollateralschäden entstanden ist.[8]

In dieser Hinsicht bildet die Bonner Universität keine Ausnahme. Im Bonner Universitätsarchiv berichten neben der Studentenzeitung *Der Bonner Student*, von der acht Ausgaben aus der Zeit zwischen November 1930 und Januar 1932 vorliegen, nur Teile des Bestands *Kuratorium* von der Lage in der Studentenschaft, was jedoch nicht für eine umfangreiche Untersuchung genügt. Ergänzend hierzu existiert die Korrespondenz, die Mitglieder der Bonner Studentenschaft mit der Führungsriege des NSDStB und der DSt geführt haben und die ehemals im Staatsarchiv Würzburg und im Bundesarchiv Kob-

---

[6] Faust, Studentenbund Bd. 1+2; Kater, Studentenschaft und Rechtsradikalismus.

[7] z.b. in Hamburg: Zorn, Student Politics; Köln: Wortmann, Michael, Der Nationalsozialistische Deutsche Studentenbund an der Universität Köln (1927–1933), in: GiK 8 (1980), S. 101-118; Stuttgart: Fuchs, Katharina, Zum Verhältnis des NS-Studentenbundes zu den studentischen Korporationen an der TH Stuttgart zwischen Republik und Diktatur (1928-1935). unter besonderer Berücksichtigung der Stuttgarter Burschenschaft Ghibellinia (Stuttgarter Beiträge zur Wissenschafts- und Technikgeschichte 16) Berlin 2021.

[8] Grüttner, Michael, Studenten im Dritten Reich, Paderborn 1995, S. 11f.

lenz archiviert war. Inzwischen sind beide im Bundesarchiv in Berlin-Lichterfelde aufzufinden. Diese Quellen in ihrer Gesamtheit zu sichten liegt allerdings leider außerhalb des Umfangs, der für diese Arbeit angemessen ist, die wichtigsten Akten wurden jedoch von Faust und Kater bereits rezipiert.

Nicht veröffentlichte Quellen finden sich außerdem in den Archiven der Bonner Verbindungen, deren Bestand allerdings häufig ebenfalls unter ihrer Auflösung während der NS-Zeit, den Folgen des Krieges oder unzureichender Archivführung gelitten haben. Mehr als eine stichprobenartige Untersuchung der Korporationsarchive hätte den Umfang dieser Arbeit ebenfalls überschritten. Dabei erwiesen sich die internen Verbindungszeitungen als geeignete Ansatzpunkte, da hier die aktiven, also studierenden, Mitglieder der Verbindungen ihren Alten Herren, also berufstätigen Alumni, über die Ereignisse in der Verbindung, aber zum Teil auch an der Hochschule generell berichteten. Besonders ergiebig war dabei die *Bonner Alemannen-Zeitung* der Bonner Burschenschaft Alemannia, die in ihren Semesterberichten ausführlich über die hochschulpolitische Lage berichtete.

Außerdem bezieht sich diese Arbeit auf den jüngst digitalisierten Bonner *General-Anzeiger*, der von den internen Ereignissen in der Bonner Studentenschaft allerdings nur dann berichten konnte, wenn die Vorkommnisse sprichwörtlich über die Universitätsmauern überkochten. Jedenfalls bedauerten Mitglieder der Universität es regelmäßig, wenn ihre Interna über die Presse an die Öffentlichkeit getragen wurden.[9] Freizügiger

---

[9] z.B. o.A., Von der Bonner Astag, in: General-Anzeiger vom 27.02.1932, S. 3; o.A., zur Vergebung der Hörsäle, in: General-Anzeiger vom 24.07.1931, S. 3.

war man allerdings mit der Ankündigung und Besprechung von Veranstaltungen, die von Hochschulgruppen ausgerichtet wurden und die einen wertvollen Blick in die Ideologien der verschiedenen Ausrichter und die Themen, welche die Studentenschaft bewegten, ermöglichen. Grundlegende Forschungsarbeit zu der Geschichte der Bonner Universität im entsprechenden Zeitraum wurde außerdem in mehreren Lokalstudien veröffentlicht.

Joachim von Maydells Staatsexamensarbeit aus dem Jahr 1977 untersuchte primär den *Westdeutschen Beobachter*, also die Parteizeitung der Nationalsozialistischen Deutschen Arbeiterpartei (NSDAP) im Rheinland und konnte daraus auch neue Perspektiven auf den Bonner Studentenbund gewinnen.

Der, von der Interessensgemeinschaft Bonner Korporationen herausgegebene, Sammelband *Studentenverbindungen und Verbindungsstudenten* tendiert zwar zu einer apologetischen Perspektive auf das Bonner Verbindungsstudententum, bezieht sich für den relevanten Zeitraum aber auch auf Archivalien der Burschenschaft der Norddeutschen und bietet damit einen weiteren Blickwinkel auf die Vorgänge im Bonner Waffenring.

Einen zumindest für Teile der untersuchten Zeit hochinteressanten Einblick in die Perspektive eines Mitgliedes der ASTAG bieten die Briefe, die der später in der Bundesrepublik zum Außenminister aufgestiegene Bonner Jurastudent Gerhard Schröder an seine Eltern geschrieben hat. Er war ab Februar 1931 Mitglied der studentischen Kammer. Seine Korrespondenz liegt im Archiv für Christlich-Demokratische Politik der Konrad- Adenauer-Stiftung. Die vorliegende Arbeit bezieht sich aber ausschließlich auf die 2002 veröffentlichte Biografie von Torsten Oppelland.

Die ausführlichsten Narrative über den Bonner NSDStB kommen allerdings aus nationalsozialistischen Publikationen. Hier sind zunächst die 1933 veröffentlichten Memoiren des Bonner Gründungsmitgliedes Hans Hildebrandt, alias Hikad, zu nennen. Dabei ist zu beachten, dass der Autor zur Selbstüberhöhung tendiert und zu diesem Zwecke seine Opposition stärker und fokussierter darstellt, als angemessen, um seine eigenen Leistungen eindrucksvoller wirken zu lassen.[10] Des Weiteren achtete Hildebrandt, der zum Zeitpunkt der Veröffentlichung von *Studenten im Braunhemd* gerade in die Reichsführung des NSDStB gewechselt war, beim Verfassen darauf, die Taten seines Gönners, des ‚Reichsjugendführers' Baldur von Schirach, in möglichst gutem Licht erscheinen zu lassen und dessen Widersacher zu diffamieren.

Letzteres gilt nicht für die Festschrift *Wir tragen das Banner der Freiheit*, die der Bonner NSDStB 1938 anlässlich seines zehnjährigen Bestehens herausgab. Hier wurden parteiinterne Streitigkeiten komplett ignoriert, wobei man die, bereits bei Hikad existenten, antidemokratischen und antisemitischen Polemiken nochmals übertraf.

Für eine Untersuchung der Geschichte der Bonner Universität generell empfiehlt sich die anlässlich des 200-jährigen Jubiläums der Universitätsgründung veröffentliche Reihe Geschichte der Universität Bonn, in deren zweitem Band auch die Zwischenkriegszeit behandelt wird.

---

[10] v. Maydell, Joachim, Die NSDAP in Bonn bis zur Errichtung des „Dritten Reiches", Staatsexamensarbeit, Bonn 1977, 142.

Hochschulpolitik in Bonn, 1928-1933

Vom AStA zur ASTAG: Bonner Studentische Selbstverwaltung in der Weimarer Republik

Wie an allen anderen deutschen Universitäten gründete sich auch an der Bonner Universität nach dem Ende des Ersten Weltkrieges ein Allgemeiner Studentenausschuss (AStA), also eine gewählte studentische Selbstverwaltung. Diese betrachtete es als ihre Aufgabe, die Belange der Studentenschaft vor dem Senat zu vertreten - was ihr durch diesen 1919 zunächst probeweise für ein Jahr und danach ohne zeitliche Begrenzung zugestanden wurde sowie die Einrichtung und Unterhaltung sozialer und wirtschaftlicher Selbsthilfeangebote.[11] Von staatlicher Seite wurden diese Studentenschaften schnell anerkannt, wohl auch in der Erwartung, dass ihre parlamentarische Form mit geheimen und allgemeinen Wahlen die Studenten auf demokratische Teilhabe vorbereiten werden.[12]

Die Studenten sollten die Hoffnung der Weimarer Demokratie jedoch bald enttäuschen. In der Deutschen Studentenschaft, in der sich neben den AStAs der reichsdeutschen[13] Universitäten auch jene Österreichs und der deutschsprachigen Studenten des Sudetenlandes zu einem Dachverband zusammenge-

---

[11] Schulz, Lanzerath, Besatzungszeit und demokratische Öffnung, S. 67f.

[12] Höpfner, Hans-Paul, Die Universität Bonn im Dritten Reich. Akademische Biographien unter Nationalsozialistischer Herrschaft (Akademia Bonnensia. Veröffentlichungen des Archivs der Rheinischen Friedrich-Wilhelms-Universität zu Bonn 12) Bonn 1999, S. 111.

[13] Der Begriff „reichsdeutsch" bezieht sich in dieser Arbeit auf das Gebiet des Deutschen Reiches. Er grenzt sich damit vom Begriff des „großdeutschen" ab, der die Gebiete Österreichs und deutschsprachiger Minderheiten in anderen Staaten beinhaltet.

schlossen hatten, kam es zu einer Kontroverse um das völkische Prinzip. Zuvor hatten die österreichischen und sudetendeutschen Studentenschaften nichtdeutsche Studenten, Studenten jüdischer Herkunft sowie Mitglieder sozialistischer und anderer Gruppen, die eine rassistische Mitgliedsbeschränkung ablehnten, ausgeschlossen.[14] Da auch ein beträchtlicher Teil der Studenten im Deutschen Reich völkisches Gedankengut vertrat, bildete sich innerhalb der Deutschen Studentenschaft eine ab spätestens 1922 dominante Gruppe, die die österreichischen Mitgliederbeschränkungen als legitim betrachtete und zum Teil Ähnliches in reichsdeutschen AStAs einführen wollte.

In Bonn waren die völkischen Studenten, die meist in den schlagenden Studentenverbindungen zu finden waren, zwar anfangs noch in der Minderheit, wie in der weiteren DSt gewannen sie aber im Verlauf der 20er Jahre zunehmend an Beliebtheit, sodass sie spätestens bei den Wahlen 1926 in der Mehrheit waren. Um der zunehmenden Radikalisierung der Studentenschaften Einhalt zu gebieten, stellte der sozialdemokratische preußische Kultusminister Heinrich Becker die preußischen Studentenschaften in seiner Weihnachtsbotschaft im selben Jahr vor die Wahl, die auslandsdeutschen Studentenschaften entweder zum Ablegen des völkischen Prinzips zu bewegen oder aus der DSt auszuschließen. Nachdem keiner dieser Schritte umgesetzt wurde, stellte er ein weiteres Ultimatum, das von den preußischen Studenten forderte, aus der Deutschen Studentenschaft auszutreten. Als sich die preußischen Studentenschaften in Urabstimmungen im Herbst 1927 weigerten, entzog er ihnen die staatliche An-

---

[14] Schulz, Lanzerath, Besatzungszeit und demokratische Öffnung, S. 69f.

erkennung und löste sie auf. Anders als an vielen anderen preußischen Universitäten, wo sich nun in Verzicht auf staatliche Anerkennung freie Studentenschaften in der DSt gründeten, gab es daraufhin in Bonn für zwei Jahre keine organisierte Studentenschaft.

Die Gründung einer neuen Studentenschaft scheiterte zunächst an dem Gegensatz zwischen den katholischen Korporationen und jenen im Bonner Waffenring in der Frage, ob eine neugegründete Studentenschaft die staatliche Anerkennung oder einen Eintritt in die DSt priorisieren sollte.[15] Erst, als auch der ehemalige Rektor Adolf Dyroff und Rektor Heinrich Konen die Gründung befürworteten, gründeten die Bonner Korporationen einen Ausschuss, der darauf ausgelegt war, eine Gründungsversammlung vorzubereiten.[16]

Diese Gründungsversammlung, an der 1000 Studenten teilnahmen und auch jüdische und sozialistische Gruppen vertreten waren,[17] verabschiedete dann am 12. Februar 1930 die durch die Korporationen vorbereitete Entschließung. In dieser

---

[15] Bertrams, Semesterbericht Bonn, S.-S. 1928, in: Bonner Alemannen-Zeitung 9/5 (1928), S. 125f. Auch die letztendlich erfolgreiche Gründung scheiterte fast an dieser Frage. Tatsächlich musste die Vertreterversammlung der Bonner Korporationen das Thema einmal nach einer vierstündigen Debatte vertagen. Vgl.: o.A., Neugründung einer Bonner Studentenschaft, in: General-Anzeiger vom 25.01.1930, S. 3.
[16] Oldenhage, Klaus, Die Bonner Korporationen vom Beginn der Weimarer Republik bis zu ihrer Auflösung in den Jahren 1935/1936, in: Komphardt, Karl; Neupert, Herbert; Rotthoff, Michael; Stehli, Stephen Gerhard (HgHg.), Studentenverbindungen und Verbindungsstudenten in Bonn, Haltern 1989, S. 105; Meys, E., Die Bonner ASTAG, in: Bonner Student 1/1 (1930), S. 6f.
[17] Proske an Grimme v. 14.02.1930, UAB, Kur. 106, Stud.

wurde die Streitfrage bezüglich staatlicher Anerkennung und Eintritt in die DSt verschoben, indem man erklärte, beides anzustreben.

> Die allgemeine Studentische Arbeitsgemeinschaft an der Rheinischen Friedrich- Wilhelms-Universität und der Landwirtschaftlichen Hochschule Bonn Poppelsdorf ist ein aus dem Gemeinschaftswollen der Bonner Studenten heraus begründeter studentischer Zusammenschluß [sic.]. Aufgabengebiete sind: Pflege des Zusammengehörigkeitsgefühls zwischen Dozenten und Studenten, die Vertretung studentenschaftlicher Interessen, insbesondere auch in Bezug auf Studien- und Wirtschaftsfragen und die Gestaltung des Turn- und Sportwesens an beiden Hochschulen, die Förderung der politischen Bildung, Beteiligung an der studentischen Auslandsarbeit, die Mitarbeit bei Fragen der Hochschulreform und der Entwicklung und Erhaltung der bewährten akademischen Privilegien, ein Eintreten für den großdeutschen Gedanken, die Bestrebungen gegen die Kriegsschuldlüge und die Bearbeitung anderer allgemeinvaterländischer Fragen unter unbedingtem Ausschluss partei- oder richtungspolitischer Bestrebungen. Großdeutsche Koalition und staatliche Anerkennung sind für die Zukunft zu erstreben. [18]

Die Finanzierung der Studentenschaft sollte ursprünglich über Gebühren stattfinden, die automatisch von der Universität eingezogen wurden, sofern nicht durch die einzelnen Studenten Einspruch dagegen erhoben wurde. Diese Widerspruchslösung wurde im Wintersemester 1930/1931 auch implementiert, musste aber im Sommersemester 1931 aufgegeben werden, weil sozialistische Studenten dagegen Einspruch er-

---

[18] ASTAG, Entschließung, UAB, Kur. 106, Stud.

hoben.[19] Folglich finanzierte sich die Studentenschaft in erster Linie durch die Verbindungen, was diesen auch bewusst war.[20]

Inhaltlich scheint die Arbeit des ersten ASTAG-Jahres zunächst nicht besonders umfangreich gewesen zu sein. Die abfällige Aussage des nationalsozialistischen Chronisten Paul Senf in der 10- Jahres Festschrift des Bonner Studentenbundes, dass man sich im Parlament wochenlang über „Dinge kleinlichster Natur […], so z.B. über die Belegung der Korporationshäuser mit der Biersteuer"[21] aufgeregt habe, ignoriert aber, dass die verschiedenen Ausschüsse[22] in diesem ersten Semester ihre Arbeit aufnahmen.[23] Kontroversen kamen erst im Winter des

---

[19] Paschen, Heinz, Semesterbericht Bonn SS. 1931, in: Bonner Ale-mannen-Zeitung 12/4 (1931), S. 62. Der Einspruch ging im November 1930 beim Rektor ein. Vgl.: Siebeck an Proske v. 11.11.1930, UAB, Kur. 106, Stud.

[20] ASTAG, Einnahmen der ASTAG im SoSe 1932, UAB, Kur. 106, Stud. Die ASTAG erhielt im SoSe 1932 756,50 Mark von den Korporationen, 680,- Mark in Zuschüssen von den Bonner Hochschulen, dem Kurator sowie dem Deutschen Studentenwerk und nur 33,50 von den Freistudenten. Für das SoSe 1931 steht im Semesterbericht der Burschenschaft Alemannia sogar, dass die Finanzierung der ASTAG „im Augenblick fast restlos von den Korporationen getragen" werde. Vgl.: Paschen, Heinz, Semesterbericht Bonn SS. 1931, S. 62.

[21] Senf, Paul, Nur der Freiheit gehört unser Leben. Das Jahr 1930, in: Wir tragen das Banner der Freiheit. 10 Jahre Kampf um eine Hochschule. Festschrift zur 10-Jahresfeier des NS-Studentenbundes Hochschulgruppe Bonn. 14. bis 16. Januar 1938, Bonn 1938, S. 23.

[22] o.A., Erste Kammersitzung der studentischen Arbeitsgemeinschaft der Universität Bonn, in: General-Anzeiger vom 01.03.1930, S. 3. Für eine genauere Aufzählung der Ausschüsse vgl.: Oldenhage, Bonner Korporationen, S. 107.

[23] Beispielsweise begann der Ausschuss für politische Bildung mit der Organisation von Vorträgen. Vgl.: o.A., Aus dem Universitätsleben, in: General-Anzeiger vom 27.05.1930, S.3.

ersten ASTAG-Jahres in die Studentenschaft. Auf den absichtlich durch den NSDStB intensivierten Streit rund um die Versetzung des Denkmals ‚Flamme Empor', genau wie der Empörung rund um die deutsche Minderheit in Polen, wird im folgenden Kapitel noch eingegangen. Es ist aber festzustellen, dass die ASTAG trotz ihrer abweichenden Meinungen darum bemüht war, ein gutes Verhältnis mit dem Rektor und den Dozenten zu erhalten, die sie zum Teil sogar vor Angriffen seitens der NS-Presse verteidigten.[24]

Die Wahl im Frühjahr 1931 brachte zwar einen um das Dreifache gestärkten NSDStB mit sich, die Erfolge der katholischen Freistudenten, die das zweitgrößte Wachstum zu verzeichnen hatten, garantierten der katholisch-republikanischen Seite allerdings eine Mehrheit, die einen Eintritt in die DSt weiter verhinderte.[25] Vom Tagesgeschäft wich in diesem Zeitraum eine Solidaritätserklärung mit der Hallenser Studentenschaft ab. Diese protestierte zu diesem Zeitpunkt, zumindest teilweise durch nationalsozialistische Agitation angestachelt, gegen die Ernennung des als pazifistisch verleumdeten Theologen Günther Dehn zum Professor.[26]

---

[24] Siehe Seite 24 dieser Arbeit.

[25] o.A., Astag-Wahl als Symptom, in: Deutsche Reichs-Zeitung vom 14.02.1931, S. 4. Eine tabellarische Auswertung aller ASTAG-Wahlen und der letzten AStA-Wahl in Bonn findet sich bei Höpfner. Vgl.: Höpfner, Universität Bonn, S. 116.

[26] o.A., Kammersitzung in der Bonner Universität, in: General-Anzeiger vom 13.11.1931, S. 3. Für eine Untersuchung der Causa Dehn vgl.: Faust, Anselm, Der Nationalsozialistische Deutsche Studentenbund. Studenten und Nationalsozialismus in der Weimarer Republik. Band 2, Düsseldorf 1973, S. 62-73.

Gleichzeitig begann die ASTAG angesichts der durch die Weltwirtschaftskrise verursachten Massenarbeitslosigkeit mit der Veranstaltung von Arbeitslosenunterricht, der diese vor der mit Erwerbslosigkeit angeblich einhergehenden „Verstümmelung der eigenen Werte" und vor „Gleichgültigkeit gegenüber dem Leben, besonders dem Geistesleben" bewahren sollte.[27] Dafür organisierte man zwei Geschichtskurse, einen heimatkundlichen Lehrgang sowie Sprach-, Chemie-, Physik- und Rechenkurse. Die besondere Beliebtheit der Sprachkurse weist darauf hin, dass die Arbeitslosen die Kurse ungeachtet des paternalistischen Tones der Studenten vor allem zur Aufbesserung der eigenen Chancen auf dem Arbeitsmarkt nutzten.

Trotz der erfolgreichen Zusammenarbeit mit Staat und Universität im Bereich der Arbeitslosenhilfe nahm die ASTAG ihre Plicht als Vertretung der studentischen Interessen gegenüber Staat und Universität weiter wahr. So zum Beispiel, als man dem Kurator einen Protestbeschluss über die erhöhten Studiengebühren überreichte.[28]

Der Konflikt, der rund um die Wahl des ersten Vorsitzenden nach der ASTAG-Wahl 1932 entstand, wird in den nachfolgenden Kapiteln wiederholt behandelt. Für die Arbeit der Kammer bedeutete dies aber nach den zwei Monaten der Arbeitsunfähigkeit eine außerordentlich produktive Phase. Die zurückkehrenden nationalkonservativen Gruppen hatten sich von der katholischen Seite zwar versprechen lassen, dass man

---

[27] Hier und in Folge: Verstege, Heinrich, Erwerbslosenunterricht durch Studenten, in: General-Anzeiger vom 22.09.1931, S. 3. Für die in Anfängerunterricht und Fortgeschrittenenunterricht unterteilten Sprachkurse mussten zusätzliche Nachmittagsstunden eingeführt werden, um der Nachfrage gerecht zu werden.
[28] ASTAG an Proske v.01.05.1931, UAB, Kur. 106, Stud.

„von der Möglichkeit der Überstimmung der Rechten" keinen Gebrauch machen würde,[29] es fanden sich aber gerade deshalb Mehrheiten in mehreren entscheidenden Fragen.

Die bedeutungsvollste Entwicklung war dabei der Eintritt in die Deutsche Studentenschaft. Diese war Anfang Juli zwar bereits fest in der Hand des NSDStB, die Mitgliedschaft und die damit einhergehende großdeutsche Verknüpfung gehörte aber seit der Auflösung der preußischen AStAs 1928 zu den Zielen der rechten Hochschulparteien und besonders der im Waffenring organisierten Korporationen. Da die katholischen Gruppen gemäß ihrer vorherigen Versprechung den Fraktionszwang aufgehoben hatten, verschafften nun der DSt freundlich gesinnte katholische Korporierte den Rechtsgruppen die nötige Mehrheit über die katholischen Freistudenten und den republikanischen Hochschulblock. Dem Antragsgesuch vom ersten Juli wurde noch im selben Monat auf dem 15. Studententag der DSt in Königsberg stattgegeben. Der Beitritt sollte allerdings nicht als Annäherung an den Nationalsozialismus gedeutet werden. Tatsächlich zeigte die ASTAG erst wenige Wochen nach ihrer Aufnahme, dass sie nicht gewillt war, sich durch die NS-Spitze der deutschen Studentenschaften kontrollieren zu lassen. Sie protestierte öffentlich und nur gegen die Stimmen des NSDStB, gegen die Einführung des ‚Führerprinzips' in der DSt.[30]

---

[29] Lemmen, Günther, Bericht über das SS. 1932, in: Bonner Alemannen-Zeitung 13/3 (1932), S. 51f.

[30] Lemmen, Günther, Bericht über das SS. 1932, in: Bonner Alemannen-Zeitung 13/3 (1932), S. 51f. Für die öffentliche Ablehnung des „Führerprinzips" vgl.: o.A., Bericht der Kammersitzung der Astag, in: General- Anzeiger vom 28.07.1932, S. 3.

Schon zuvor ging ein Antrag des Nationalen Hochschulblocks durch die studentische Kammer, in dem man „alle zuständigen Stellen" bat, „an der Bonner Hochschule einen Lehrstuhl für Wehrwissenschaft bzw. Kriegsgeschichte einzurichten." Die Studentenschaft, ob nun rechts, katholisch oder republikanisch nahm überhaupt jede Gelegenheit wahr, ihren Patriotismus zur Schau zu stellen.[31]

Die letzte große Aktion der ASTAG vor ihrer Übernahme durch den Studentenbund war die Organisation eines freiwilligen Arbeitsdienstes.[32] Diese Form der Organisation wurde seit spätestens Juli 1932 durch die von Papen-Regierung auch für Studenten gefördert. Den Studenten war dabei meistens die Erziehung des individuellen Studenten zur sogenannten Volksgemeinschaft wichtiger als caritative Motive.[33] Jedenfalls organisierte die Bonner ASTAG im Wintersemester „drei gemischte Lager mit gutem Erfolg".[34]

Obwohl der NSDStB in den Wahlen 1933 auch in der Bonner Studentenkammer einen Verlust an Mandaten zu verkraften hatte, erklärte sich der Bonner ‚Hochschulgruppenführer' am 5. März 1933 zum ‚Führer der Studentenschaft der Universität Bonn' und die meisten ASTAG-Mandatsträger traten in den

---

[31] o.A., Kammersitzung der Allgem. Student.-Arbeits-Gemeinschaft Astag, in: General-Anzeiger vom 14.06.1932, S.3. In derselben Kammersitzung wurde auch eine Bitte an den Rektor gerichtet, dass er die Abnahme der Kopfbedeckung vor den Gefallenentafeln verpflichtend machen sollte.
[32] Für eine kritische Betrachtung des freiwilligen Arbeitsdienstes siehe: Faust, Studentenbund Bd. 2, S. 92-98.
[33] Ebd., S. 94.
[34] Lemmen, Günther, Bericht des Sprechers über das W.S. 1932/1933, in: Bonner Alemannen-Zeitung 14/1 (1933), S. 26.

Studentenbund über, alle anderen verloren ihr Mandat.[35] Die Bonner Studenten waren also trotz ihrer vorherigen Selbstbehauptung nicht in der Lage und viele wahrscheinlich auch nicht willens, sich dem Nationalsozialismus im Momentum der sogenannten Machtergreifung entgegenzustellen.

Die Geschichte des NSDStB in Bonn

Am 20.02.1926 erschien im *Völkischen Beobachter* ein Aufruf der Studenten Helmut Polich und Wilhelm Tempel an der NSDAP angehörige Studenten, eine örtliche Sektion des NSDStB zu gründen und sich mit ihnen in München in Kontakt zu setzen. Schon im Juni desselben Jahres berichtete Tempel, der sich inzwischen ,Reichsführer des Studentenbundes' nannte, dass seine Organisation inzwischen auf 20 Gruppen mit mehreren hundert Mitgliedern angewachsen war.[36] Die Tatsache, dass es bis zur Gründung einer Bonner NS- Studentengruppe noch fast zwei Jahre dauerte, kann durchaus als Vorzeichen für das mangelnde Interesse der Bonner Studenten für die Parteiorganisation gelesen werden. Jedenfalls kamen erst im Dezember 1927 drei Studenten zusammen, die sich dazu entschlossen mit der Münchener Studentenbundleitung Kontakt aufzunehmen und die Gründung einer Gruppe voranzutreiben. Für eine erste Veranstaltung konnte der Kölner Gauleiter Robert Ley gewonnen werden, der am 15.01.1928 in einer umfunktionierten Studentenbude vor einem Publikum von 14 Gästen sprach. Diese erste Veranstaltung war vor allem deshalb wichtig, weil hier eine ausreichende Anzahl Mitglieder gewonnen werden konnte, um den

---

[35] Höpfner, Universität Bonn, S. 118.
[36] Faust, Studentenbund Bd. 1, S. 37f.

Studentenbund als studentische Gruppe beim Rektor zu melden.[37]

In den ersten Semestern traf die Gruppe sich zunächst in der Wohnung des Bonner Ortsgruppenleiters der NSDAP, dann in verschiedenen Gaststätten. Die erste großangelegte Propagandaaktion des Studentenbundes fand im Rahmen der Reichstagswahl im Mai 1928 statt, bei der die Studenten einerseits, wie Hildebrandt berichtet, in einer nächtlichen Aktion Wahlplakate am Universitätsgebäude befestigten und außerdem 12000 Flugzettel verteilten, die auf der Vorderseite unter der Überschrift Volksbetrug am 20.Mai zum Besuch einer NSDAP-Wahlkampfveranstaltung und auf der Rückseite zum Boykott jüdischer Geschäfte aufriefen.[38] Es folgten in den Jahren 1928/1929 primär Angriffe auf verschiedene sozialistische Organisationen an der Bonner Universität und damit eng in Verbindung stehende antisemitische Propaganda und Vorträge.[39]

Erst im Jahr 1930 drängte der Studentenbund mit voller Macht in die universitäre Öffentlichkeit. Zunächst beteiligte er

---

[37]Siehe Seite 31 dieser Arbeit

[38] Peth, Walter, Aufhebt unsere Fahnen, in: Wir tragen das Banner der Freiheit. 10 Jahre Kampf um eine Hochschule. Festschrift zur 10-Jahresfeier des NS-Studentenbundes Hochschulgruppe Bonn. 14. bis 16. Januar 1938, Bonn 1938, S. 11; Hildebrandt, Hans, Studenten im Braunhemd, Berlin 1933, S. 9. Die Anzahl der verteilten Flugblätter kann angesichts der Tatsache, dass sie die Zahl der Bonner Studenten um fast das Zweifache übertrifft, bezweifelt werden.

[39] Die Vorträge des Studentenbundes trugen Titel wie: „Die Vernichtung der Deutschen Kultur durch das Judentum", „Student und die Aufgabe einer deutschen Kultur", „Machtkampf zwischen Staat und Wirtschaft" und dienten wohl in erster Linie der ideologischen Prägung der Studentenbundsmitglieder. Vgl.: Peth, Fahnen, S. 15.

sich im Januar an dem Reichsgründungskommers der Bonner Korporationen. Es war das erste Mal, dass Studenten sich in der Uniform der Sturmabteilung (SA) gekleidet an einer Veranstaltung in den Hallen der Universität beteiligten.[40] Auch wenn die nachfolgende Reaktion der Universität und der Verbindungen eine erneute Beteiligung der nationalsozialistischen Studenten an ähnlichen Veranstaltungen ausschloss, so war es für diese doch ein Erfolg, „dass in Bonn zum ersten Male die braune Uniform an einer offiziellen Feier der Universität erschienen ist."[41]

Außerdem erlaubte es die Wiedergründung einer gewählten Studentenschaft in Bonn im selben Jahr den Nationalsozialisten, durch Wahlkampfveranstaltungen und Opposition gegen die dominanten Hochschulgruppen ihr Profil in der Studentenschaft zu schärfen.[42] Gleichzeitig machten die demokratischen Wahlen aber die Schwäche des Studentenbundes in Bonn offensichtlich. In der ersten Wahl im Februar 1930 schafften die NS-Studenten es trotz eines erneuten Auftritts Leys am Vorabend der Wahl[43] nur 312 von 3795 abgegebenen Stimmen auf sich zu vereinen. Das war das schlechteste Er-

---

[40] Senf, nur der Freiheit, S. 21; Spieß, Carl Friedrich, Die Burschenschaft der Norddeutschen. 1869-1945, in: Frohberg, Georg; Lorenz, Rüdiger; Spieß, Karl-Friedrich (HgHg.), Die Burschenschaft der Norddeutschen und Niedersachsen zu Bonn. 1869-1969. Beiträge zu ihrer Geschichte, Bonn 1969, S. 35.

[41] Senf, nur der Freiheit, S. 21.

[42] Ebd., S. 22. In der Festschrift zu ihrem 10-jährigen Bestehen betonen die Nationalsozialisten, dass die ASTAG nur Mittel zum Zweck sei, das als Sprungbrett zur weiteren Aktivierung der Studentenschaft diene.

[43] o.A., Aus dem Universitätsleben, in: General-Anzeiger vom 21.02.1930, S. 3; Senf, nur der Freiheit, S. 22.

gebnis an allen reichsdeutschen Universitäten, wo zum Teil
schon eine absolute Mehrheit der Studenten für den NSDStB
stimmte.[44] Der Studentenbund fiel im fortlaufenden Wintersemester nicht besonders auf. Man veranstaltete weiter Vorträge zur ideologischen Schulung und Mitgliedergewinnung,
stach aber weder in der ASTAG noch der Öffentlichkeit besonders hervor. Selbst die demonstrative Ablehnung, an der Be-
freiungs- und Verfassungsfeier der Universität teilzunehmen,
die anlässlich des Abzugs der französischen Truppen aus dem
Rheinland gefeiert wurde, verlor wegen des zuvor ergangenen
Verbotes der Teilnahme von politischen Gruppierungen an
Universitätsfeiern an Strahlkraft.[45] Es spricht aber auch für
den zu diesem Zeitpunkt noch nicht besonders ausgeprägten
Instinkt der Hochschulgruppenführung, durch Kontroverse ihr
Profil in der Studentenschaft zu stärken.[46]

Angesichts dieser Lage ist es nicht verwunderlich, dass Hans
Hildebrandt, der seit 1929 in der Bundesführung in München
mitgewirkt hatte und dort zeitweise auch ‚Führer' der örtlichen Hochschulgruppe war, „nicht angenehm" von der Bonner Situation überrascht war, als er im Oktober 1930 zurück-
kehrte, um im Auftrag des ‚Reichsstudentenführers' Baldur
von Schirach die Führung der Bonner Gruppe zu übernehmen.[47] Tatsächlich entfaltete der Bonner Studentenbund unter der Führung Hikads eine sehr aktive Propagandatätigkeit.
Dabei nutzte er Taktiken, die sich an der Unterwanderung der

---

[44] o.A., Kammerwahlen an den Bonner Hochschulen, in: General-
Anzeiger vom 22.02.1930, S. 4; Höpfner, Universität Bonn, S. 112.
[45] Senf, nur der Freiheit, S. 23. Zum Verbot vgl.: ebd. S. 21; Spieß,
Burschenschaft der Norddeutschen, S. 35.
[46] v. Maydell, NSDAP in Bonn, S. 147.
[47] Hildebrandt, Studenten, S. 36.

DSt durch den NSDStB auf Reichsebene orientierten. Hier stellten die Nationalsozialisten programmatische Anträge, die keine Aussicht auf Erfolg hatten, um einerseits als verantwortungsbewusste und sachliche Partei dazustehen und andererseits andere Parteien zu diskreditieren, die die unrealistischen, aber häufig populären Anträge des NSDStB ablehnten.[48]

Im Oktober 1930 offenbarte sich in Bonn eine Gelegenheit, an der Hildebrandt „den Hebel ansetzen konnte."[49] Im Zuge des Neubaus des Hauptgebäudes am Regina-Pacis-Weg hatte die Universität sich dazu entschlossen, ein Jünglingsdenkmal, das zum Gedenken an die im Ersten Weltkrieg gefallenen Studenten und Dozenten errichtet worden war, aus dem Innenhof der Universität in den nahegelegenen Garten am Alten Zoll zu verlegen. Dies geschah aus ästhetischen Gründen, wurde von den Studenten aber vielfach als Angriff auf die Erinnerung an die Kriegsopfer interpretiert. Hildebrandts metaphorischer Hebel kam in der Form einer Massenveranstaltung am 27.11.1930, der laut *General-Anzeiger* 1500 Studenten beiwohnten und auf der der nationalsozialistische Reichstagsabgeordnete Hans Schemm und Franz von Epp sprechen sollten.[50] Auf der Massenveranstaltung der Nationalsozialisten wurde eine Erklärung verlesen, die im Publikum weite Zustimmung fand und implizierte, dass „keineswegs ästhetische

---

[48] Faust, Studentenbund Bd. 1, S. 89.
[49] Hildebrandt, Studenten, S. 37.
[50] o.A., Gegen die Versetzung "Flamme empor!". 1500 Studenten erheben Einspruch, in: General-Anzeiger vom 28.11.1930, S. 3. Von Epp musste kurzfristig absagen. Vgl.: Hildebrandt, Studenten, S. 38.

Gründe die veranlassenden und eigentlichen waren."[51] Damit hatten die Nationalsozialisten die ASTAG eindeutig übertroffen. Diese verabschiedete, gegen die Stimmen der Nationalsozialisten, einen Entschluss, in dem man feststellte, dass in der Studentenschaft „sachliche Bedenken"[52] wegen der Versetzung bestanden und beschwerte sich gleichzeitig über das politisierende Verhalten des NSDStB. Letztendlich fanden die moderaten Hochschulparteien sich mit der Versetzung ab. Die Kammer stellte sich außerdem mehrfach auf die Seite Rektor Konens, der durch die NS- Parteipresse angegriffen wurde.

Dass es bei dem Protest des Studentenbundes nicht primär darum ging, die Versetzung des Denkmals zu verhindern, wird in einer Aussage Hildebrandts offensichtlich, der die Veranstaltung von 24.11. als Erfolg feierte. Zwar habe man das Denkmal nicht auf seinen alten Platz zurückschaffen können, aber man habe „das Gewissen der Bonner Studentenschaft wachgerüttelt und ihr den Glauben an den Nationalsozialismus gegeben."[53]

---

[51] o.A., Gegen die Versetzung "Flamme empor!". 1500 Studenten erheben Einspruch, in: General-Anzeiger vom 28.11.1930, S. 3. Die Veranstaltung wurde für die Nationalsozialisten beinahe zur Katastrophe. Die Absage v. Epps hielt man zunächst geheim, damit der Ticketverkauf nicht leide. Am Tag der Veranstaltung drohte dann aber auch Schemm abzusagen, was den Studentenbund nicht nur in der Studentenschaft diskreditiert hätte, sondern ihm auch einen nicht tragbaren finanziellen Schaden erzeugt hätte. Vgl. dazu: Hildebrandt, Studenten,S. 38f.
[52] Hier und in Folge: o.A., Die Studentenkammer zum Streit um das Denkmal „Flamme Empor", in: General- Anzeiger vom 03.12.1930, S. 3; o.A., Um das Gefallenen-Denkmal, in: General-Anzeiger vom 11.12.1930, S. 3.
[53] 53 Hildebrandt, Studenten, S. 39.

Ähnlich verhielt es sich im Januar des Folgejahres, in dem die Bonner Studentenschaft eine Protestveranstaltung gegen die Streichung der deutschen Listen bei der Regionalwahl in Schlesien veranstaltete. Dabei musste ein Kompromiss gefasst werden. Um die Teilnahme von Professoren und des Rektors zu garantieren, entschloss man sich, eine förmliche Stellungnahme erst nach der Veranstaltung in der Presse zu veröffentlichen, statt diese vor den anwesenden Studenten zu verlesen.[54] Die Nationalsozialisten riefen erneut eine Großveranstaltung ein. Unter dem reißerischen Titel *Gegen den Polenterror* sprachen der General Ritter von Epp und Gauleiter Robert Ley vor den Studenten. Am Ende der Veranstaltung sprach dann Hildebrandt und griff die ASTAG dabei offen an. Die offizielle Veranstaltung habe „nicht dem Willen der Studentenschaft entsprochen" und der Kompromiss mit den Professoren sei eine „Vergewaltigung studentischer Entschließungen."[55]

Mit diesen zwei Großveranstaltungen innerhalb eines Winters hatten die nationalsozialistischen Studenten die aktivste Öffentlichkeitsarbeit in der Studentenschaft, zumal im Vorfeld der ASTAG-Wahl am 13.02.1931 noch eine dritte Veranstaltung dazukam.[56] Nichtsdestotrotz blieben die Bonner Nationalsozialisten in der studentischen Vertretung in der Minderheit. Die katholische *Deutsche Reichs-Zeitung* titelte „Voller

---

[54] o.A., Die Bonner Studenten protestieren gegen Polens Behandlung der Minderheiten, in: General-Anzeiger vom 26.01.1931, S. 3; o.A., Die Astag protestiert gegen Polens Behandlung der Minderheiten, in: General- Anzeiger vom 29.01.1931, S. 3.

[55] o.A., Gegen den Polenterror, in: General-Anzeiger vom 31.01.1931, S. 3.

[56] o.A., Zur Astag-Wahl, in: General-Anzeiger vom 13.02.1931, S. 3.

Sieg der Katholischen Listen" und berichtete, dass die Nationalsozialisten im Vorfeld der Wahl ein Ergebnis von dreißig bis vierzig Sitzen angestrebt hatten. Sie erreichten nur fünfzehn.[57] Das Resultat eines Semesters intensiver Tätigkeit beschränkte sich für den Studentenbund in Bonn also auf den zweiten Vorsitz der Kammer und die Leitung der Redaktion der Studentenzeitung *Der Bonner Student*, die Hildebrandt für sich beanspruchte.[58]

Das folgende Sommersemester war durch parteiinterne Streitigkeiten dominiert, die Hildebrandts Aufmerksamkeit anscheinend banden.[59] Jedenfalls scheint der Studentenbund von jeglichen Großveranstaltungen abgesehen und in erster Linie erfolglos darauf hingearbeitet zu haben, die Bonner ASTAG in Richtung der DSt zu bewegen.[60] Das scheiterte unter anderem auch an dem Widerstand des Bonner Waffenrings

---

[57] o.A., Astag-Wahl als Symptom, S. 4. Die Behauptung, dass der NSDStB 30-40 Sitze angestrebt habe, findet sich auch in einem Brief des Kurators Proske an den preußischen Kultusminister. Wo diese Zahl aber herkommt ist nicht klar und es ist möglich, dass Proske die Zahl aus derselben Zeitung genommen hat. Vgl.: Proske an Grimme v. 17.02.1931, UAB, Kur. 106, Stud.
[58] ASTAG, Vorstände und Ausschüsse im neuen ASTAG v. 27.02.1932, UAB, Kur. 106, Stud. Hildebrandt politisierte Der Bonner Student merklich. Vgl.: v. Maydell, NSDAP in Bonn, S. 151f.
[59] Mehr zu diesem Thema im Kapitel „Parteigenossen gegen Parteigenossen, Innernationalsozialistische Auseinandersetzungen" dieser Arbeit.
[60] Hildebrandt an Lienau über die Hochschulpolitische Lage in Bonn v. 30.09.1931, BA Sig.: NS 38/41.

und der Burschenschaften, die die Frage der Mitgliedschaft nicht „über das Knie brechen" wollten.[61]

Es fanden außerdem weitere Stiche gegen die republikanischen und sozialistischen Studenten statt,[62] allerdings sah man weiter davon ab, an der Bonner Universität eine zu große Unruhe auszulösen. Das befürchteten die Bonner Bürger vor allem, als ‚Reichsstudentenführer' Baldur von Schirach Mitte Juli in Bonn verweilte. Er war Anfang des Monats Auslöser von Unruhen an der Kölner Universität, wofür er zu zehn Tagen Zuchthaus verurteilt wurde.[63]

Die für den Studentenbund so typischen Großveranstaltungen kamen erst für die nachfolgende ASTAG-Wahl wieder auf. Die Propagandatätigkeit der Nationalsozialisten war erneut viel umfassender als die der anderen Hochschulparteien. Den Auftakt machte dabei eine Großveranstaltung, bei der Prinz August Wilhelm von Preußen und Baldur von Schirach sprachen und die nicht als einzige Wahlkampfveranstaltungen der Nati-

---

[61] Oldenhage, Bonner Korporationen, S. 108. Die ASTAG schloss den Antrag auf Mitgliedschaft am 1. Juli 1932, nicht ein Jahr davor.

[62] o.A., zur Vergebung der Hörsäle, in: General-Anzeiger vom 24.07.1931, S. 3; Eitel, Wilhelm, Stürmen und Bauen…. Das Jahr 1931, in: Wir tragen das Banner der Freiheit. 10 Jahre Kampf um eine Hochschule. Festschrift zur 10-Jahresfeier des NS-Studentenbundes Hochschulgruppe Bonn. 14. bis 16. Januar 1938, Bonn 1938, S. 34; Hildebrandt, Studenten, S. 34.

[63] o.A., Studentenunruhen in Köln, in: General-Anzeiger vom 03.07.1931, S. 2; o.A., Neuer Krawall in Köln, in: General-Anzeiger vom 04.07.1931, S. 1; o.A., Der Reichsleiter des Nationalsozialistischen Deutschen Studentenbundes festgenommen, in: General-Anzeiger vom 06.07.1931, S. 2; o.A., Die Studentenunruhen vor der Kölner Universität vor Gericht, in: General-Anzeiger vom 11.07.1931, S. 1; Hildebrandt, Studenten, S. 50-53.

onalsozialisten in diesem Jahr den 1300 Personen fassenden Dreikaisersaal (über-)füllte.[64] Nur knapp blieb der Bonner Universität eine Rede Adolf Hitlers erspart, der stattdessen Hermann Göring in den Bonner ASTAG-Wahlkampf schickte.[65]

Erneut konnten die NS-Studenten auf diese Art Zugewinne in Bonn verbuchen. In der Wahl im Februar 1932 wurden sie die stärkste Hochschulgruppe in der Bonner Studentenschaft. Dies veranlasste die nationalsozialistische *Essener Nationalzeitung*, zu verkünden, dass „Die Bonner Universität, an der einst Kultusminister Becker lehrte, [...] eine Hochburg Adolf Hitlers geworden [ist]."[66] Dabei handelte es sich allerdings nicht um die ganze Wahrheit. Der NSDStB hatte zwar 19 von 72 Sitzen in der Kammer erreicht, die katholischen Listen erreichten zusammen aber 32 Sitze, was die Nationalsozialisten an der Rheinischen Friedrich-Wilhelms-Universität weiterhin von der Kooperation des Waffenringes und des Nationalen Hochschulblocks abhängig machte. Tatsächlich herrschte in der Kammer ein genaues Gleichgewicht zwischen den rechten Hochschulparteien auf der einen und den Katholiken mit den

---

[64] o.A., Auftakt zu den Bonner Astagwahlen, in: General-Anzeiger vom 26.01.1932, S. 3; Hildebrandt, Studenten, S. 57.
[65] Wenn man Hildebrandt Glauben schenken will, entschied sich die Frage, ob Hitler in Bonn spreche, anhand eines Münzwurfs im Godesberger Hotelzimmer des „Parteiführers". Vgl. o.A., Zu den Astagwahlen, in: General- Anzeiger vom 29.01.1932, S. 3; Hildebrandt, Studenten, S. 55f.
[66] Zitiert aus: Krämer, Karl Emerich, Wo wir stehen, steht die Treue!. Das Jahr 1932, Wir tragen das Banner der Freiheit. 10 Jahre Kampf um eine Hochschule. Festschrift zur 10-Jahresfeier des NS-Studentenbundes Hochschulgruppe Bonn. 14. bis 16. Januar 1938, Bonn 1938, S. 43.

republikanischen Studenten auf der anderen Seite.[67] Als sich keine Mehrheit für den Vorsitz finden ließ, zogen die rechten Gruppen geschlossen aus der Versammlung aus.[68]

Die Einigung des Bonner Waffenrings und des Nationalen Hochschulblocks mit den katholischen Gruppen auf einen Wiedereinstieg in die ASTAG ließ die Nationalsozialisten außen vor. Sie erklärten, dass „der Nationalsozialistische Deutsche Studentenbund nicht daran denkt, wieder in die ‚Astag' einzutreten, geschweige denn aus Gruppen, die politisch dem Zentrum nahestehen, sich einen Vorsitzenden zu wählen."[69] Damit war das Ende der parlamentarischen Mitarbeit der Nationalsozialisten in der Bonner Studentenschaft gekommen. Zwar traten sie, wohl auf das Drängen der ebenfalls nationalsozialistischen Leitung der Deutschen Studentenschaft hin, für eine Abstimmung 27.07.1932 wieder in die ASTAG ein, um für die Einführung des ‚Führerprinzips' in der DSt, der die Bonner ASTAG inzwischen gegen den Willen des Bonner Studentenbundes eingetreten war, zu stimmen, trat aber nach der Ablehnung dieses Antrages prompt wieder aus.[70]

---

[67] o.A., Die Bonner Astag-Wahlen, in: General-Anzeiger vom 03.02.1932, S. 3.

[68] 68 o.A., Die Bonner Astag Beschlußunfähig, in: General-Anzeiger vom 20.02.1932, S. 3. Die Nationalsozialisten feierten zu diesem Zeitpunkt bereits die ASTAG zerschlagen zu haben. Vgl.: Krämer, Wo wir Stehen, S. 43.

[69] o.A., Universitätsleben, in: General-Anzeiger vom 21.04.1932, S. 3.

[70] o.A., Bericht der Kammersitzung der Astag, in: General-Anzeiger vom 28.07.1932, S. 3. Die Bonner Nationalsozialisten fürchteten, dass die ASTAG mit ihren „Juden, Republikanern und strengsten Zentrumsvertretern [...] die Arbeit [der DSt] mehr Stören als Fördern wollen". Diese Bedenken wurden aber von der zuständigen Kreisleitung der DSt ignoriert und der Studentenbund gezwungen sich mit

Die Arbeit des Studentenbundes bis zur sogenannten Macht-ergreifung bestand danach aus Provokationen gegen die Universitätsleitung und weiterer Propagandaveranstaltungen.[71] Die Bonner Studenten straften das störende Verhalten der Nationalsozialisten bei der ASTAG-Wahl im Februar 1933 allerdings ab. Erstmals verloren diese an Stimmen und Mandaten und mussten die Stellung als stärkste Gruppe an die katholischen Korporationen abgeben.[72] Damit schnitten die nationalsozialistischen Studenten in Bonn im reichsweiten Vergleich erneut am schwächsten ab und die anderen Rechts-gruppen arbeiteten wieder in einer „Großen Koalition gegen den NSDStB"[73] mit den Katholiken zusammen.

Nur durch das Ende der demokratischen Ordnung in Deutsch-land konnte der NSDStB die Bonner Studentenschaft an sich reißen. Am 05.03.1933 erklärte der Bonner ‚Studentenbund-führer' Walter Schlevogt sich zum ‚Führer der Studenten-schaft der Universität Bonn'. Es folgte eine Eintrittswelle in den NSDStB, der seine Mitgliederzahl mehr als verzehnfachte und die ‚Gleichschaltung' der Universität, an der die Studen-ten sich mit ihren Professoren in gleichem Maße schuldig machten.[74] Das Versagen des Bonner Studentenbundes im Vergleich zu anderen Hochschulen während der Republik konnte dadurch allerdings nicht beschönigt werden. Ausge-rechnet an der zweitgrößten Universität in Preußen scheiter-

---

der ASTAG zu einigen und wieder in diese einzutreten. Vgl.: Blümel an Reichsleitung der DSt v. 06.07.1932, BA Sig.: NS 38/41.

[71] Krämer, Wo wir Stehen, S. 44; Hildebrandt, Studenten, S. 61f.

[72] o.A., Die neue Bonner Studentenkammer, in: General-Anzeiger vom 08.02.1933, S. 3.

[73] Höpfner, Universität Bonn, S. 117.

[74] Grüttner, Studenten im Reich, S. 66f+500, Höpfner, Universität Bonn, S. 118.

ten die Nationalsozialisten daran, die Studenten hinter ihrer Ideologie zu vereinen. Das war der Fall, trotz der aktiven Unterstützung durch Größen der NSDAP und der aktiven Propaganda und arrangierten Führung durch Hildebrandt, der sich zuvor in München bereits beweisen konnte und der nach seinem Abgang aus Bonn weiter in der Reichsleitung NSDStB arbeitete.

„Der gewiefteste Zentrumspolitiker in ganz Westdeutschland": Die Auseinandersetzung zwischen dem NSDStB und den Rektoren der Universität Bonn.

Hans Hildebrandts Briefe und Schriften lesen sich streckenweise wie Verschwörungstheorien. Die nationalsozialistischen Studenten an der Rheinischen Friedrich- Wilhelms-Universität scheinen in Hildebrandts Narrative von allen Seiten benachteiligt und angegriffen geworden zu sein, was er regelmäßig mit antisemitischen Betitelungen quittierte. Ein wiederholtes Ziel seiner Anschuldigungen waren dabei die akademischen Behörden, von deren Gnaden der NSDStB als studentische Organisation weitestgehend abhängig war. So warf er dem Rektorat der Universität Bonn vor, schon bei der Gründung des örtlichen NSDStB im Januar 1928 dessen Anerkennung unnötig bis ins nächste Semester hinausgezögert zu haben. Das Bonner Studentenbundmitglied erster Stunde spekulierte, dass sie damit gehofft hatten, dass sich die junge Gruppe aufgrund der verzögerten Anerkennung wieder auflöse.[75]

Im Wintersemester 1928/1929 ging der Konflikt des Studentenbundes mit dem Rektorat weiter. Wie allen studentischen

---

[75] Hildebrandt, Studenten, S. 8; Peth, Walter, Aufhebt unsere Fahnen, S. 11. Peth berichtet, dass die Anerkennung erst nach der Reichstagswahl am 20. Mai erfolgte.

Gruppen stand dem NSDStB ein schwarzes Brett in der Universität zu, dass dieser für ‚Aufklärungsarbeit' nutzte. Dabei erregten die Nationalsozialisten wegen ihres ‚unakademischen Tones' regelmäßig die Missbilligung der Universität. Man hatte regelmäßig Ausschnitte aus Hermann Essers *Illustrierter Beobachter*, einer Wochenzeitung der NSDAP, angeschlagen.[76]

Noch hatte der Konflikt der nationalsozialistischen Studenten mit den universitären Behörden seinen Höhepunkt aber nicht erreicht. Tatsächlich stellte sich der katholische Theologe und Universitätsrektor Arnold Rademacher noch auf die Seite der Nationalsozialisten, als deren Konflikt mit sozialistischen Studenten eskalierte. Das lag in erster Linie am Verhalten der linken Studenten, die, um nationalsozialistische Propaganda zu unterbinden, absichtlich provozierend handelten und ihn dann persönlich angriffen.[77] In der Universitätschronik für das

---

[76] Hildebrandt, Studenten, S. 11; Peth, Walter, Aufhebt unsere Fahnen, S. 13. Laut den Berichten der NS- Chronisten waren die anstößigen Anschläge in erster Linie mit der Wohnungsnot in der Weimarer Republik befasst. Mangels Quellen von der Gegenseite kann nicht klar festgestellt werden, ob es tatsächlich parteipolitische Kritik oder doch Angriffe auf Minderheiten oder gar Personen waren, die die Universität zum Eingriff bewegten.
[77] Hildebrandt, Studenten, S. 12f; Peth, Walter, Aufhebt unsere Fahnen, S. 14f. Die NS-Literatur berichtet, dass an dem schwarzen Brett einer sozialistischen Studentengruppe Angriffe auf die Christlichen Konfessionen veröffentlicht worden seien. In der Anklageschrift Willkür-Herrschaft an der Bonner Hochschule bemängelt die Sozialistische Arbeitsgemeinschaft an der Universität Bonn die Behandlung, die sie durch den Rektor erfuhr. Dabei erwähnt sie die „teilweise verletzenden" Aufhänge des NSDStB am schwarzen Brett und, dass die pazifistische Studentengruppe „in entsprechender Weise" geantwortet habe. Eine absichtliche Provokation, wie von Hilde-

akademische Jahr 1928/1929 merkt der Rektor allerdings an, dass er und der Senat „nicht ohne Besorgnis" eine „zunehmende Politisierung der Studentenschaft" heraufziehen sahen. Hierbei fürchtete er in erster Linie „das Eindringen eines kämpferischen Geistes, der stärker, als es erwünscht sein kann, in die Erscheinung tritt." Diese differenzierte er explizit von in Demokratien wünschenswerter politischer Bildung. Ohne Zweifel bezog er sich hier auf den Konflikt zwischen den Nationalsozialisten und ihren sozialistischen Widersachern.[78] Rektor Rademacher kann also eine skeptische Haltung dem NSDStB gegenüber nachgewiesen werden, die sich mit den nationalsozialistischen Berichten weitestgehend deckte.

Auf Rademacher folgte dann als Rektor der Physiker und Zentrumspolitiker Heinrich Matthias Konen. Er sollte sich zum schärfsten Widersacher der nationalsozialistischen Studenten in der Verwaltung der Universität Bonn und zum vorrangigen Feindbild Hildebrands entwickeln, der ihn einerseits als „Zentrumsjuden"[79] verleumdete und andererseits als „den gewieftesten Zentrumspolitiker in ganz Westdeutschland"[80] anerkannte. Unter Konens Aufsicht kam es zu zwei hochschulpolitischen Entwicklungen, die das Potential hatten,

---

brandt berichtet, lässt sich also nicht ausschließen. Auf jeden Fall wertete Rademacher aber die Anklageschrift an sich als unzulässigen Angriff auf seine Person. Mehr zu der Anklageschrift findet sich auf Seite 77 dieser Arbeit. Vgl.: Sozialistische Arbeitsgemeinschaft an der Universität Bonn, Willkür-Herrschaft an der Bonner Hochschule, in: Rheinische Zeitung vom 21.02.1929, S. 9.
[78] Rademacher, Arnold, Einleitung, in: Chronik der Rheinischen Friedrich Wilhelms-Universität zu Bonn. Rademacher, Arnold (hg.), (Jahrgang 54, akademisches Jahr 1928/1929), Bonn 1930, S. 4f.
[79] Hildebrandt, Studenten, S. 42.
[80] Ebd., S. 50.

die politische Lage in der Bonner Studentenschaft zu beeinflussen. Konen förderte die Gründung der Bonner Allgemeinen Studentischen Arbeitsgemeinschaft, die als gewähltes politisches Organ der Studentenschaft wieder eine legitime Stimme gab. Zudem war er an der Universitätsverfassung von 1930 beteiligt, die die Verfassung der Universität erstmals seit ihrer Gründung 1818 überarbeitete.[81]

Vor allem die ASTAG stellte ein Hindernis für den Bonner Studentenbund dar. Denn hier ließ sich eine Vertretung der Studentenschaft finden, die nicht Teil der völkisch und antidemokratisch orientierten Deutschen Studentenschaft und durch die Anerkennung des Rektors verhältnismäßig eng an die Universitätsleitung gebunden war. Die nationalsozialistischen Studenten interpretierten dies als Hauptzweck der neugegründeten ASTAG,[82] was sie besonders schwer traf, weil der NSDStB 1930 bereits auf dem besten Weg war, die Führung in der DSt zu übernehmen. Im Übrigen stimmte man auf Regierungsseite mit der Einschätzung des NSDStB insofern weitestgehend überein, dass man der Meinung war, der Senat der Universität habe sichergestellt, „dass die Arbeitsgemeinschaft frei von parteipolitischen Auseinandersetzungen und verfassungswidrigen Bestrebungen bleibt, widrigenfalls ihre sofortige Auflösung erfolgt."[83]

In den Folgejahren machte der Briefwechsel zwischen Kuratorium, Rektor und Ministerium zwar klar, dass man ein möglichst schwaches Abschneiden der Nationalsozialisten für

---

[81] Müller, Hans Joachim, Neugründung einer Bonner Studentenschaft, in: Bonner Alemannen-Zeitung 11/2 (1930), S. 22.
[82] Hildebrandt, Studenten, S. 41; Senf, nur der Freiheit, S. 22.
[83] Proske an Grimme v. 22.02.1930, UAB, Kur. 106, Stud.

wünschenswert hielt, es wurde aber, wohl wegen deren verhältnismäßig schwachem Abschneiden, nie nötig in die Abläu-
fe der ASTAG einzugreifen.[84] Erst nach der ASTAG-Wahl 1932
sah man sich mit der Frage konfrontiert, wie man weiter ver-
fahren sollte. Der Auszug der rechten Gruppen drohte zeitweise der Kammer die nötige Legitimität zu rauben. Erst die
Wiederkehr der Korporationen im Bonner Waffenring in das
studentische Parlament vermochte diese Gefahr wieder zu
bannen, was gleichzeitig den Versuch des NSDStB, eine kon-
kurrierende freie Studentenschaft in der DSt zu gründen, kon-
terkarierte. In dieser Situation hatte Rektor Konen 1932 eine
Schlüsselrolle, die den Fortbestand der ASTAG garantierte.

Einerseits ist zu beachten, dass er schon im Vorjahr eine ent-
scheidende Rolle bei der Entscheidung der Burschenschaften
spielte, entgegen dem Willen des NSDStB und der DSt-
Führung an der ASTAG festzuhalten und nicht die Gründung
einer konkurrierenden Studentenschaft anzustreben. Das wird
in einem Brief des Vorsitzenden des Bonner Waffenringes an
die DSt erkennbar, in dem dieser das besondere Vertrauens-
verhältnis der Bonner Studenten zu ihrem Rektor betonte.[85]

Außerdem setzte sich Konen nach der Rekonstituierung der
ASTAG beim Kurator dafür ein, dass die Regierung und die
Universität weiterhin die gewählte Kammer als Vertretung der
Studentenschaft anerkannten.[86] So verhinderte er endgültig,

---

[84] Proske an Grimme v. 17.02.1931, UAB, Kur. 106, Stud.
[85] Oldenhage, Bonner Korporationen, S. 108. Hildebrandt war schon
Ende 1931 der Überzeugung, dass allein Konens Einfluss einen Eintritt in die DSt verhinderte, „ev. durch Zusammenbruch der ASTAG".
Vgl.: Hildebrandt an Lienau über die Hochschulpolitische Lage in
Bonn v. 30.09.1931, BA Sig.: NS 38/41.
[86] Konen an Proske v. 16.03.1932, UAB, Kur. 106, Stud.

dass die Nationalsozialisten eine freie Studentenschaft gründeten.

Die neue Universitätsverfassung hatte im Gegensatz zur ASTAG-Gründung nur minimalen Einfluss auf die Lage in Bonn. Paragraf 68 erwog zwar den Bestand einer Studentenschaft, machte dies aber davon abhängig, dass diese „den besonderen Bestimmungen des Staatsministeriums"[87] entsprach. Die ASTAG wurde zwar vom Senat anerkannt, galt aber nie als „Allgemeine Studentenschaft im Sinne des Ministerial-Erlasses vom 6. Dezember 1927"[88] und konnte die ihr in der Verfassung vorgesehene Rolle damit nicht wahrnehmen. Überhaupt war es schon unter der alten Satzung und vor entsprechenden Änderungen des Studentenrechtes möglich gewesen, dass der neugegründete AStA 1919 ein Recht auf Vorsprechen auf Sitzungen des Senats hatte.[89] Die Verfassung von 1930 diente damit hauptsächlich als Anreiz für die Bonner Studenten, weiterhin die staatliche Anerkennung anzustreben.

Tatsächlich hat Konen sich auch hierfür eingesetzt. Das scheint jedenfalls die beste Erklärung für den bereits erwähnten Brief eines Bonner Waffenring- Mitglieds, der 1931 an die Deutsche Studentenschaft schrieb, man wolle die Frage des Beitritts nicht forcieren, weil man noch den Bescheid abwarte, den Rektor Konen aus Berlin bringen werde.[90] Warum die

---

[87] Schaefer, Karl Theodor, Verfassungsgeschichte der Universität Bonn: 1818 bis 1960, Bonn 1968, S. 203.
[88] Senat der Universität Bonn, Abschrift des Senatsbeschlusses zur Anerkennung der ASTAG, UAB, Kur. 106, Stud.
[89] Schulz, Lanzerath, Besatzungszeit und demokratische Öffnung, S. 67.
[90] Oldenhage, Bonner Korporationen, S. 108.

staatliche Anerkennung nie erfolgte, bleibt unklar, sie hätte aber vermutlich einen weiteren Anreiz gegen den Beitritt in die DSt und eine engere Bindung der Bonner Studentenschaft an den demokratischen Staat bedeutet.

Es gibt verschiedene Erklärungsansätze für das Verhalten der Universität gegen die Nationalsozialisten in dieser Zeit. Einer davon kommt von den Nationalsozialisten selbst. In einer 1935 veröffentlichten Abhandlung zur Geschichte des Studentenbundes spekulierte Hildebrandt in typisch antisemischem Duktus:

> [...] bei der Masse der Professoren [war] die Ansicht über den Nationalsozialismus eben die Ansicht der bürgerlichen Presse. Nationalsozialisten waren danach Menschen, die irgendwo Schiffbruch erlitten hatten und nunmehr einer wirren Idee anhingen, die sich vor allen Dingen gegen die Juden wandte, die doch auch Menschen sind. Die Fülle jüdischer Dozenten veranlaßte [sic.] so viele Professoren, den Nationalsozialismus schon aus dem Grunde abzulehnen, weil er doch die jüdischen Kollegen angriff. [...] geschwätzige jüdische Dialektiker und religiöse Hetzer verstanden es immer, die bürgerliche Menge gegen die junge Bewegung einzunehmen und sie als unlehrbare [sic.] Friedensstörer im akademischen Leben darzustellen.[91]

Hildebrandt begründet die Feindseligkeit der Universität also mit der Sympathie, die Dozenten für ihre jüdischen Kollegen

---

[91] Hildebrandt, Hans, Aus der Geschichte des NS-Studentenbundes, in: Volk im Werden, Krieg, Ernst (Hg.), Dritter Jahrgang, Leipzig 1935, S. 87.

empfanden, sowie mit mangelndem Wissen über die nationalsozialistische Ideologie. Seine letzte Begründung, die Nationalsozialisten stünden in den Augen des Bürgertums als
Friedensstörer da, ist allerdings vermutlich die zutreffendste.

Hikads ebenfalls nationalsozialistischer Widersacher Ernst Anrich wies in seiner Schrift *Bonn als geistige Festung an der
Westgrenze*, in der er 1933 seine Reformvorschläge für die
Bonner Universität darlegte, weniger reißerisch darauf hin,
dass eine Gruppe katholischer Dozenten und Professoren um
die Zentrumspolitiker Konen und Lauscher im Senat tonangebend sei. Folglich versuchten sie aus politischen Gründen, den
nationalsozialistischen Einfluss auf die Studenten zu minimie-
ren.[92]

In den Selbstaussagen der jeweiligen Rektoren kommen vor
allem zwei Faktoren zum Tragen. Der erste schlug in dieselbe
Kerbe wie Anrichs Spekulation. Wie bereits erwähnt sorgte
sich schon Rektor Rademacher im akademischen Jahr
1928/1929 darum, dass die Studenten sich außerhalb des
demokratischen Spektrums politisieren. Vor allem der Briefwechsel zwischen den Rektoren, dem Ministerium und den
Universitätskuratoren zeigt, dass man stets bedacht war, ver-
fassungsfeindliche Bestrebungen zu verhindern. Das schwa-
che Abschneiden des NSDStB wurde „vom Standpunkt des
Staates aus" als erfreulich betrachtet.[93] Es ist kein Wunder,
dass die Anhänger der demokratischen Parteien versuchten,

---

[92] Anrich, Ernst, Bonn als Geistige Festung an der Westgrenze, BA
Sig.: NS 38/2281.
[93] Proske an Grimme v. 22.02.1930, UAB, Kur. 106, Stud.; Proske an
Grimme v. 17.02.1931, UAB, Kur. 106, Stud.; Konen an Proske v.
16.03.1932, UAB, Kur. 106, Stud.

an der Universität eine demokratische Einstellung in der Studentenschaft zu sichern.

Es ist weiter zu beachten, dass von den fünf Männern, die zwischen 1928 und 1933 als Rektoren der Universität Bonn dienten, nur einer - Richard Siebeck (Rektorat 1931/1932) - nach der sogenannten Machtergreifung der Nationalsozialisten 1938 Mitglied der NSDAP sowie der Patei nahestehenden Vereinen wurde. Schon 1933 war er Fördermitglied der Schutzstaffel (SS), Mitglied des NS-Ärztebundes und des NS-Lehrerbundes geworden.[94] Es kann aber davon ausgegangen werden, dass dies nicht aus Überzeugung geschah,[95] und tatsächlich setzte Siebeck sich noch 1933 für jüdische Kollegen ein.[96]

Dem Mitläufer Siebeck stehen drei Rektoren gegenüber, die nach 1933 von Repressionen durch das NS-Regime betroffen waren oder sich gegen die NS-Ideologie einsetzten. Konen wurde 1934 in den Ruhestand versetzt,[97] der Rektor des akademischen Jahres 1932/1933, Adolf Zycha, wurde im Rahmen der politischen ‚Gleichschaltung' im April 1933 abgesetzt.[98] Und Rademacher, dessen Stellung an der Universität durch das Reichskonkordat beschützt war,[99] publizierte 1935 eine

---

[94] Bauer, Axel W, Innere Medizin, Neurologie und Dermatologie, in: Eckart, Wolfgang U., Sellin, Volker, Wolgast, Eike (HgHg.), Die Universität Heidelberg im Nationalsozialismus, Heidelberg 2006, S. 748.
[95] Ebd., S. 755.
[96] Eckart, Wolfgang, Die medizinische Fakultät, in: Eckart, Wolfgang U., Sellin, Volker, Wolgast, Eike(HgHg.), Die Universität Heidelberg im Nationalsozialismus, Heidelberg 2006, S. 647f.
[97] Höpfner, Universität Bonn, S. 487.
[98] Ebd., S. 222.
[99] Ebd., S. 181.

Kritik der nationalsozialistischen Bildungsziele und setzte sich nach der Reichspogromnacht für eine stärkere Kritik der Kirche an den Ereignissen ein.[100] Der Rektor des Jahres 1931/1932, Paul Pfeiffer, trat in keine NS-Organisation ein und verhielt sich bedeckt, wurde in einem Bericht des NS-Dozentenbundes aber wegen mangelnder Mitarbeit an der ‚Bewegung' kritisiert.[101]

Auch das Verhalten der Rektoren nach der Machtergreifung deutet bei den meisten auf eine ablehnende und bei keinem auf eine positive Haltung gegenüber der nationalsozialistischen Ideologie hin.

Der zweite für die damaligen Rektoren durchaus wichtige Grund für das Vorgehen gegen die nationalsozialistischen Studenten war ihr Sinn für akademisches Dekorum und die Abgrenzung der Universität von der Politik. In seiner Rede an die neu immatrikulierten Studenten im Sommersemester 1931 ermahnte Konen diese, dass sie zwar als Staatsbürger das Recht auf Meinungsäußerung und Parteimitgliedschaft hätten, die Parteitätigkeit aber in der Universität aufhören müsse. Sie sei ein „Tempel, in den die Parteien keinen Eingang finden dürfen."[102] Dieses Beharren auf dem Konstrukt einer unpolitischen Universität war für deutsche Akademiker in der ersten Hälfte des zwanzigsten Jahrhunderts typisch, aber in

---

[100] Ries, Johannes, Arnold Rademacher. 1873-1939, in: Stasiewski, Bernhard (Hg.) Katholische Theologie (150 Jahre Rheinische Friedrich-Wilhelms-Universität zu Bonn 1818-1968. Bonner Gelehrte. Beiträge zur Geschichte der Wissenschaften in Bonn. 2), Bonn 1968, S. 82f.
[101] Höpfner, Universität Bonn, S. 493.
[102] o.A., Die erste Immatrikulation, in: General-Anzeiger vom 17.04.1931, S. 3.

der Realität kaum umsetzbar. Es war einer der Faktoren, die es den Nationalsozialisten später so einfach machten, die deutschen Universitäten auf ihren Kurs zu bringen.[103] In der Weimarer Zeit äußerte es sich vor allem in der Skepsis gegen parteipolitische Bestrebungen, was sich unter anderem in dem Entschluss der Gründungsversammlung der ASTAG am 12.02.1930 widerspiegelt. Hier wurden partei- und richtungspolitische Bestrebungen „unbedingt"[104] ausgeschlossen. Diese Ablehnung von offen parteipolitischem Auftreten ließ sich mit der engen Bindung des NSDStB an die NSDAP kaum in Einklang bringen. Das Verhältnis ließ sich auch kaum vertuschen, denn es wurde schon im Aufbau der Studentenorganisation offensichtlich. Der ‚Reichsführer des Studentenbundes', der wiederum die örtlichen ‚Hochschulgruppenführer' bestimmte, wurde direkt von Hitler eingesetzt und man trug die Nähe auch ganz offen zur Schau. Beispielsweise schrieb von Schirach nach seiner Ernennung zum ‚Reichsführer' in die Satzung des NSDStB: „Die Ziele sind identisch mit denen der NSDAP."[105] Die regelmäßigen Auftritte von Parteigrößen auf den Veranstaltungen der Studenten wird das Übrige getan haben, um die beiden Organisationen in den Köpfen von Außenstehenden zusammenzuführen.

Der offene Bruch der Nationalsozialisten mit dem Bild der unpolitischen Universität ist aber nicht der einzige Bereich, in

---

[103] Abendroth, Wolfgang, Das Unpolitische als Wesensmerkmal der Deutschen Universität, in: Nationalsozialismus und die Deutsche Universität (Universitätstage 1966), S. 189.
[104] ASTAG, Entschließung, UAB, Kur. 106, Stud.; o.A., Gründung einer neuen Bonner studentischen Arbeitsgemeinschaft, in: General-Anzeiger vom 13.02.1930, S. 3.
[105] v. Schirach, Baldur, Wille und Weg des Nationalsozialistischen Deutschen Studentenbundes, München 1929, S. 10.

dem diese die traditionellen Verhaltensregeln der Universität umgingen. Immer wieder kam es an deutschen Universitäten zu Studentenunruhen, die durch den Studentenbund ausgelöst wurden. Besonders heikel wurde die Lage in Bonn, als von Schirach nach dem Absitzen seines Zuchthausaufenthaltes in Köln nach Bonn kam und der General-Anzeiger ganz offen spekulierte, dass es nun auch in Bonn zu ähnlichen Ereignissen kommen könnte.[106] Auch an der Bonner Universität fielen die nationalsozialistischen Studenten als Verursacher von Auseinandersetzungen auf. Neben den bereits erwähnten Anschlägen an das schwarze Brett, die die Reaktion des Rektors nach sich zogen, berichtet Hildebrandt davon, wie die Nationalsozialisten die universitären Autoritäten durch das Beugen der Regeln provozierten. Einen Höhepunkt erreichte diese Taktik im Juli 1932, als Rektor Pfeiffer sich mit einer Stellungnahme an den *General-Anzeiger* wendete, in der er sich über „entstellende Nachrichten"[107] über die Universität beschwerte. Diese wurden in der Presse veröffentlicht und griffen die Institution in einer „akademisch nicht wiederzugebenden" Weise an. Hinter den Angriffen standen die nationalsozialistischen Studenten, die zu diesem Zeitpunkt nicht mehr versuchten, konstruktiv an der Universität mitzuarbeiten.[108]

---

[106] Eitel, Stürmen, S. 34; Hildebrandt, Studenten, S. 34.

[107] Hier und in Folge: o.A., Universitätsleben, in: General-Anzeiger vom 02.07.1932, S. 3; Hildebrandt, Studenten, S. 62. Auslöser des Streits war ein Verbot der Universität, am Jahrestag des Versailler Friedens in der Ehrenhalle der Universität einen Kranz niederzulegen. Dies sollte nur durch den Rektor und den Senat geschehen. Der Studentenbund legte trotzdem einen Kranz nieder, den die Universität entfernen ließ.

[108] Siehe Seite 28f. dieser Arbeit.

Die Betrachtung des Verhältnisses zwischen dem Studentenbund und der Universität lässt den Schluss zu, dass die Universitätsleitung aus verschiedenen Gründen den Nationalsozialisten ablehnend gegenüberstand, was auch von diesen so
wahrgenommen wurde. Die wichtigsten Motive waren dabei
die Ablehnung der Verwaltung gegenüber der antidemokratischen nationalsozialistischen Ideologie und der Störung des
Universitätsfriedens sowie akademischer Verhaltenskonven-
tionen durch die nationalsozialistischen Studenten.

Inwiefern der universitäre Gegenwind sich auf die Popularität
des NSDStB an der Rheinischen Friedrich-Wilhelms-
Universität ausgewirkt hat, lässt sich leider kaum quantifizie-
ren, zumal viele der Benachteiligungen, die die nationalsozialistischen Studenten angeblich durch die Universität erfahren
haben, nur in deren propagandistischen Schriften dokumentiert sind. Die Quellenlage ist somit äußerst einseitig gewich-
tet. Ungeachtet dessen besteht der Hauptverdienst der Universität in ihrer Kooperation bei der Schöpfung der ASTAG und
der späteren Förderung, die diese durch die Rektoren und Kuratoren erfahren hat. Dadurch gelang es der Universität in Zusammenarbeit mit Freistudenten und Verbindungsstudenten,
eine antidemokratisch geprägte Vertretung der Bonner Studenten in der DSt über einen längeren Zeitraum zu verhindern. Gleichzeitig versagte sie den NS- Studenten die Mittel,
die sie durch die Förderung des DSt spätestens ab 1931 hätten erhalten können.

Ideologische Nähe und Pragmatische Ablehnung: Nationale Gruppen und ihr Verhältnis zum NS-Studentenbund.

Traditionell war der Bonner Waffenring, also der Zusammenschluss schlagender Studentenverbindungen, der stärkste Vertreter im rechten Lager der Bonner Studentenschaft. Dies änderte sich auch nach der Gründung der ASTAG zunächst nicht, zumal diese zu einem großen Teil auf dem Engagement der Burschenschaften beruhte.[109] Bei der ASTAG-Wahl 1930 erhielten die Verbindungen im Waffenring nach den katholischen Verbindungen noch die meisten Stimmen und selbst eine Listenverbindung aus verschiedenen nationalkonservativen Hochschulgruppen erzielte noch mehr Mandate als der NSDStB.[110]

Der Bonner Waffenring

Schon während der ersten Legislaturperiode der ASTAG wurde klar, dass vor allem die Burschenschaften einen Stimmverlust an die Nationalsozialisten fürchteten. Dass der Waffenring weniger Stimmen erhielt, als die ihn konstituierenden Verbindungen Mitglieder hatten,[111] führte zu einem Versuch der Bonner Burschenschaften, die anderen schlagenden Bünde dazu zu überreden, die Mitglieder zur Wahl des Waffenrings zu zwingen. Nachdem dieser Vorstoß scheiterte, entschloss man sich zur Gründung einer eigenen burschenschaftlichen

---

[109] Spieß, Burschenschaft der Norddeutschen, S. 40; Müller, Hans Joachim, Neugründung einer Bonner Studentenschaft, in: Bonner Alemannen-Zeitung 11/2 (1930), S. 21f.
[110] o.A., Kammerwahlen an den Bonner Hochschulen, in: General-Anzeiger vom 22.02.1930, S. 4.
[111] Müller, Hans Joachim, Neugründung einer Bonner Studentenschaft, S. 22.

Liste für die zweite ASTAG-Wahl, bei der die Mitglieder einen Wahlzwang einführten.[112] Mit ihrer Absonderung erzielten die Burschenschaften anscheinend das erwünschte Ergebnis. Einige andere Verbindungen im Waffenring zogen ihnen nach und führten einen Zwang ein, während andere „moralischen Druck"[113] auf ihre Mitglieder ausübten. Für die Wahl 1932 trat man wieder gemeinsam an.

Das auf diese Art gegen den Stimmverlust an die Nationalsozialisten vorgegangen werden musste, war aber überhaupt erst nötig, weil ein großer Teil der rechten Verbindungsstudenten dem Nationalsozialismus nicht abgeneigt war. Zwar ging der Bonner Universitätskurator Alfons Proske 1930 noch davon aus, dass „im Waffenring parteipolitisch die Richtung der deutschen Volkspartei maßgebend ist",[114] aber es scheint zumindest eine beträchtliche nationalsozialistische Minderheit in den Bünden gegeben zu haben. Tatsächlich stimmte in einigen Bünden nur eine Minderheit für die Liste des Waffenrings.[115] Die ideologische Nähe der schlagenden Verbindungen war auch den Nationalsozialisten durchaus bewusst. Kurz nach seinem Antritt als „Reichsstudentenbundsführer" warb Baldur von Schirach um die korporierten Studenten.

> Es ist kein Zufall, daß [sic.] der Nationalsozialistische Deutsche Studentenbund und die schlagenden Verbindungen eine gewisse Auslese des Menschenmaterials der heutigen Studentenschaft in ihren Reihen

---

[112] Kreuzer, Ed., Semesterbericht Bonn W. S. 1930/31, in: Bonner Alemannen-Zeitung 12/2 (1931), S. 25.
[113] Spieß, Burschenschaft der Norddeutschen, S. 40; Kreuzer, Ed., Semesterbericht Bonn W. S. 1930/31, S. 25f.
[114] Proske an Grimme v. 22.02.1930, UAB, Kur. 106, Stud.
[115] Kreuzer, Ed., Semesterbericht Bonn W. S. 1930/31, S. 25.

vereinten: Der Wille zur Tat und zur Waffe hat hier die einzig wertvollen aktivistischen Elemente zusammengefaßt [sic.]. Und warum vereinigen sich die Aktivisten in den Bünden, die letzten Endes irgendwie dem Kampf dienen: Weil die wahre Jugend kämpfen will![116]

Mit seiner Werbung war der Studentenbund allerdings an anderen deutschen Hochschulen erfolgreicher als in Bonn.[117] Die Abneigung gegen den NSDStB bedeutete trotzdem nicht, dass die Verbindungsstudenten nicht an der nationalsozialistischen Ideologie interessiert waren. Auf dem Haus der Burschenschaft Alemannia fanden regelmäßig Vorträge von nationalsozialistischen Rednern statt, unter diesen war auch Ernst Anrich.[118] Besonders offen zeigte sich dies aber nach der sogenannten Machtergreifung. Als die Alemannen ihren Wehrsport nicht mehr unabhängig organisieren durften, stellte sich die Frage, welchem der gesetzlich erlaubten Wehrverbände man sich anschließen sollte.

Wir schwankten zwischen SA bzw. NSDStB und Stahlhelm. Politisch gesehen waren die Bundesbrüder für den Eintritt in die SA.[119]

---

[116] v. Schirach, Wille und Weg, S. 8.
[117] Spieß, Burschenschaft der Norddeutschen, S. 40f. In v. Schirachs Aufzählung der 1930 im Bonner Studentenbund vertretenen Verbindungen sind nur vier kleinere Dachverbände und eine Einzelverbindung genannt. Interessant ist auch, dass von den im Bonner Waffenring generell tongebenden Corps und Burschenschaften keine vertreten sind. Vgl.: v. Schirach, Wille und Weg, S. 8.
[118] o.A., Bericht des Burschenkränzchenleiters, in: Bonner Alemannen-Zeitung 12/2 (1931), S.28.
[119] Hier und in Folge: Lorenz, Reinhard, Bericht des Sprechers über das S.S. 1933, in: Bonner Alemannen-Zeitung 14/4 (1933), S. 77.

Man entschied sich nur für den Stahlhelm, weil dieser Zugeständnisse an die Selbstverwaltung der Verbindung machte.
Nachdem diese aber nicht das erwartete Ausmaß erreichten,
stellte die Burschenschaft es ihren Mitgliedern frei, wo sie ihren Wehrsport betrieben. Fünfzehn entschieden sich für SA
oder SS, sechs für den Stahlhelm und nur einer für den frei-
studentischen Wehrsport der Universität. Die Burschenschaft
Frankonia trat dagegen geschlossen in die SS ein, weil diese
im Gegensatz zur SA das Tragen der Verbindungsfarben über
der Uniform erlaubte.[120]

Des Weiteren sahen die Verbindungen den Studentenbund
auch als Gefahr für ihre innere Kohärenz. In seinem Bericht
über die hochschulpolitische Lage im Wintersemester
1931/1932 schrieb der Bonner Alemanne H. J. Seippel von
den Machtkämpfen zwischen den Korporationen und dem
NSDStB um die Vorherrschaft in der DSt und über die Konflikte, die sie in den Korporationen auslösten.[121]

> Der Umstand, daß [sic.] sich der Studentenbund eine
> ähnliche Verfügungsgewalt über seine Mitglieder zu-
> legt, wie sie die Verbindungen seit jeher ausüben,
> drohte an manchen Orten Verbindungen zu zerreiben.
> So erscheint als Kernpunkt der ganzen Auseinander-
> setzung die Frage der Abgrenzung der Zuständigkei-
> ten. Zahlreiche Versuche, durch gegenseitige Ver-
> handlungen eine friedliche Einigung hierüber

---

[120] o.A., Frankonia Dir gehör' Ich. Ein Buch der Bonner Franken.
1845-1970, Wangen im Algäu 1970, S. 77.
[121] Das war allerdings nicht immer der Fall. In der Bonner Burschenschaft Frankonia „traten Gegensätze persönlicher Art nicht auf." Inwiefern das auch für die Abtrennung der Zuständigkeiten zwischen
Burschenschaft und NSDStB gilt, ist nicht bekannt. Vgl.: Ebd.

herbeizuführen, sind an der Unnachgiebigkeit oder der mangelnden Vertragstreue des Studentenbundes gescheitert.

Seippel mahnte zu diesem Zeitpunkt bereits an, dass es bald nötig werden könnte „den Verbindungsstudenten, der gleichzeitig Mitglied des Studentenbundes ist, vor die Entscheidung zu stellen, sich entweder zu der einen oder anderen Gruppe zu bekennen."[122] Ein derartiger Bruch zwischen den Bonner Verbindungen und den Nationalsozialisten kam später im selben Jahr, als der Waffenring und der Nationale Hochschulblock sich mit den katholischen Studenten auf eine Koalition einigten und damit den nationalsozialistischen Versuch, die ASTAG zu zerschlagen, verhinderten.[123]

Hildebrandt behauptet zwar, dass sich die nachfolgende Propaganda „nicht [gegen] einzelne Gruppen, sondern [gegen] diese Vereinigung Bonner ASTAG"[124] richtete, tatsächlich folgte auf die nationalsozialistische Kampfansage gegen die ASTAG aber eine Massenveranstaltung, bei der der Waffenring von einem der Redner direkt angegriffen wurde. Als Mitglieder des Rings den Redner, selbst Mitglied einer schlagenden Turnerschaft, koramieren wollten, klebten Mitglieder des Studentenbundes Zettel mit Schmähsprüchen an Korporationshäuser. Seippels Ankündigung wurde daraufhin Realität.[125] Die

---

[122] Seippel, H.J., Hochschulpolitik im W. S. 1931/1932, in: Bonner Alemannen-Zeitung 13/1 (1932), S. 27.
[123] Siehe Seite 28f. dieser Arbeit.
[124] Hildebrandt, Studenten, S. 59.
[125] Die Chronik der Burschenschaft der Norddeutschen schildert den Verlauf der Ereignisse anders, demnach beschloss der Waffenring erst das Verbot einer Mitgliedschaft im NSDStB und koramierte den Nationalsozialisten nach einer nicht genau genannten Beleidigung.

Trennung hatte auch Auswirkungen auf die interne Verbindungsstruktur. Während die Burschenschaft der Norddeutschen im April 1932 einen Antrag ablehnte, der das Tragen von „Abzeichen nationaler Verbände" erlaubt hätte, bestellte man im Juli den *Völkischen Beobachter* ab. Man bewegte sich also von einer Beibehaltung des neutralen Status quo zu einer aktiven Ablehnung der Unterstützung des Nationalsozialismus, deren Presse das Bonner Verbindungsstudententum nun auch ins Visier nahm.[126]

Der frühzeitige Versuch der Bonner Burschenschaften und gleichgesinnter Verbindungen im Waffenring, ihre Mitglieder auf die eigene Hochschulgruppe einzuschwören, verhinderte eine übermäßige personelle Überschneidung mit dem NSDStB. Außerdem schob er der Abwanderung der korporierten Stimmen zu der als revolutionärer wahrgenommenen Alternative einen Riegel vor. Dass dies vor den Jahren 1931/1932 geschah, erwies sich für den Bonner Waffenring als durchaus glücklich. Denn der Studentenbund warb in diesen Jahren mit viel Erfolg um die Stimmen der Korporierten

---

Die Propagandaveranstaltung und die Schmähzettel kamen dann gleichzeitig. Diese Schilderung widerspricht der Oldenhages, der sich für diese Thematik immerhin auf die Chronik der Burschenschaft der Norddeutschen beruft und auch der beschönigenden Schilderung Hildebrandts. Generell spricht die Tatsache, dass Prinz August Wilhelm von Preußen, der selbst Alumne einer Verbindung im Waffenring war, auf der Veranstaltung sprach, dagegen, dass die Massenveranstaltung primär gegen den Waffenring gerichtet war, weshalb wohl davon ausgegangen werden kann, dass Oldenhages Schilderung näher an der Wahrheit ist. Vgl.: Spieß, Burschenschaft der Norddeutschen, S. 40; Oldenhage, Bonner Korporationen, S. 109; Hildebrandt, Studenten, S. 59.

[126] Oldenhage, Bonner Korporationen, S. 92.

und konnte sie so vielerorts in die hochschulpolitische Irrelevanz drängen.[127]

Das Verhalten der Nationalsozialisten beendete die politische Kooperation zwischen dem Studentenbund und den rechten Verbindungen endgültig. Ähnlich der Universitätsleitung hatten die traditionsbewussten Studentenverbindungen ein ausgeprägtes Gefühl für akademisches Dekorum, das durch die Nationalsozialisten verletzt wurde. Wie bereits erwähnt stimmten die rechtsgerichteten Verbindungen schon Ende 1930 für eine Rüge, in der die Angriffe nationalsozialistischer Studenten gegen den Rektor im Zusammenhang mit der *Flamme Empor*-Kontroverse verurteilt wurden. Ähnlich verhielt es sich nach der ASTAG- Wahl 1932, als der Waffenring und der Nationale Hochschulblock die katholischen und nationalsozialistischen Gruppen dafür kritisierte, dass studentische Angelegenheiten der Öffentlichkeit zugänglich diskutiert wurden.[128] Auch in ihrer internen Kommunikation kritisierten Mitglieder des Waffenrings das Verhalten des Studentenbundes. So heißt es in der internen Zeitung der Burschenschaft Alemannia, dass „von Seiten des N.S.D.St.B. und der Nationalsoz. Presse Angriffe [gegen die ASTAG gerichtet wurden], die zum Teil recht unakademische Formen annahmen."[129] Die Konsequenz aus ihrer wachsenden Abneigung gegen den NSDStB zogen die rechten Verbindungsstudenten nach der Wahl 1933. Man entschied sich dafür, weiter mit den Katholiken zusammenzuarbeiten, obwohl man sich dem Studentenbund ideologisch näher fühlte.

---

[127] Faust, Studentenbund Bd. 1, S. 144f.

[128] o.A., Von der Bonner Astag, in: General-Anzeiger vom 27.02.1932, S. 3.

[129] Lemmen, Günther, Bericht über das SS. 1932, S. 51.

Dem Waffenring lag es an einer reibungslosen Weiter-
führung der Arbeit innerhalb der Astag, ein nationalsozialistischer Vorsitzender schien die Gewähr dafür in
Anbetracht der Ereignisse der vergangenen Semester
nicht zu bieten.[130]

In Bezug auf die schlagenden Bonner Verbindungen lässt sich
also festhalten, dass diese zwar auf ideologischer Ebene dem
Nationalsozialismus nicht abgeneigt waren, aufgrund ihres
Anspruches auf Kontrolle über ihre Mitglieder und ihres Ver-
haltenskodexes aber fürchteten, dass die Zusammenarbeit mit
dem NSDStB einen Verlust ihrer traditionellen Daseinsweise
beinhalten könnte. Das führte dazu, dass „die Partei lange Zeit
einen günstigeren Nachhall unter den Korporationsstudenten
[gefunden hatte] als der Studentenbund, einfach, weil sie kein
Rivale in der Studentenpolitik war."[131]

Der Nationale Hochschulblock

Der Nationale Hochschulblock fiel in der ASTAG kaum als un-
abhängige Kraft auf, da er meist identisch mit dem Bonner
Waffenring stimmte. Das Verhältnis seiner Mitglieder zum Na-
tionalsozialismus lässt sich aber erahnen. Die ASTAG-Partei
bestand aus einem Zusammenschluss des Stahlhelm-
Studentenbundes, der DNVP-Hochschulgruppe, der DVP-
Hochschulgruppe und der Interessengemeinschaft Bonner
Korporationen.[132] Es kann davon ausgegangen werden, dass

---

[130] Lemmen, Günther, Bericht des Sprechers über das W.S.
1932/1933, S. 27.
[131] Balder, Hans Georg, Frankonia-Bonn 1845-1995. Die Geschichte
einer Bonner Burschenschaft, Calbe 2006, S. 596f.
[132] Oldenhage, Bonner Korporationen, S. 108; Oppelland, Torsten,
Gerhard Schröder (1910-1989). Politik zwischen Staat, Partei und
Konfession (Forschungen und Quellen der Zeitgeschichte 39), Düs-

die korporativen Gruppen im Hochschulblock ähnliche Vorbehalte gegen den NSDStB hatten, wie ihre schlagenden Pendants.

Die Vorbehalte der DNVP-Hochschulgruppe werden im *General-Anzeiger* nur an einer Stelle angedeutet. Im Dezember 1932, also nach dem Bruch der Nationalsozialisten mit der ASTAG, hielt der Monarchist und ehemalige Generalsuperintendent der rheinischen Provinzialkirche Karl Klingemann, der zu diesem Zeitpunkt Honorarprofessor in Bonn war,[133] einen Vortrag mit dem Titel *Das sittliche Recht und die Grenzen der Nationalen Opposition*. In diesem Vortrag rechnete er einerseits mit der Weimarer Republik ab und mahnte andererseits antidemokratische Ideologie nicht einer Partei unterzuordnen.

> Denn eine scharfe und ehrliche Reaktion gegen den Umsturz, gegen die Weimarer Verfassung, gegen eine verflachte Demokratie, gegen den Parlamentarismus, gegen die Entartung des alt-ehrwürdigen preußisch deutschen Beamtentums, gegen „gefesselte Justiz", gegen Korruption [...] sei heute notwendig. [...]

> Diese Opposition und Reaktion gehe aber letzthin, über alles Parteipolitische hinaus getreu dem Spruch: „alles für das Vaterland, nicht für die Partei!"[134]

---

seldorf 2002, S. 57. Bei der Interessengemeinschaft Bonner Korporationen handelte es sich um einen Zusammenschluss nicht- katholischer, nichtschlagender Verbindungen.
[133] Baecker, Roger, Klingemann, Karl, in: Biographisch-Bibliographisches Kirchenlexikon, Band 4, 1992, Sp. 61-64.
[134] o.A., Das sittliche Recht und die Grenzen der nationalen Opposition, in: General-Anzeiger vom 08.12.1932, S. 3.

Ob es sich bei dem letzten Satz um einen Seitenhieb gegen die Nationalsozialisten oder nur um eine Kritik der Parteipolitik generell handelte, lässt sich nicht mehr erkennen, zumal von der Rede nur die Zusammenfassung in der Zeitung erhalten ist. Dafür spricht allerdings die Tatsache, dass der Redner als Bonner Professor von den Streitigkeiten in der Bonner ASTAG gewusst haben wird und die deutschnationalen Studenten sich als Teil des Hochschulblocks zu diesem Zeitpunkt bereits gegen den Studentenbund gestellt hatten.

Weitere Spekulationen können angesichts der Abstimmung zur Einführung des ‚Führerprinzips' in der DSt angestellt werden. Die möglichen Gründe der ablehnenden Haltung des Hochschulblocks sind zahlreich und schließen sich nicht gegenseitig aus. Die Verbindungen im Hochschulblock werden die Einschätzung des Sprechers der Burschenschaft Alemannia geteilt haben, dass das ‚Führerprinzip' „bewußt [sic.] auf die Verdrängung der Korporationen aus der Hochschulpolitik abzielt"[135] und auch jedem anderen Nicht-Nationalsozialisten muss klar gewesen sein, dass die Änderung eine dauerhafte Kontrolle des Studentenbundes über die DSt bedeutet hätte.

Bessere Informationen gibt es über die DVP-Hochschulgruppe, für die in der Wahlperiode 1931/1932 der spätere CDU-Politiker Gerhard Schröder in der ASTAG vertreten war. Immer wieder berichtete dieser seinen Eltern, wie er sich auf Partei- und Hochschulgruppenveranstaltungen für eine Beteiligung der DVP an der Regierung Brüning aussprach und seine Kommilitonen durch seinen Einsatz überzeugte.

---

[135] Lemmen, Günther, Bericht über das SS. 1932, S. 52.

> Der Graf zu Dohna betätigt sich jetzt in der Opposition
> gegen [die] Rechtsschwenkung der D.V.P. Er gibt damit
> die Meinung der Hochschulgruppe – wenigstens zum
> überwiegenden Teil – richtig wieder.[136]

Die DVP-Hochschulgruppe hatte also eine demokratische Grundeinstellung. Des Weiteren lehnte Schröder auch den Nationalsozialismus an sich explizit ab, was vermutlich auch für seine Mitstreiter galt.[137] Es kann davon ausgegangen werden, dass die DVP-Hochschulgruppe den liberalen Flügel des Hochschulblocks bildete. Allerdings beteiligte sie sich ab der Wahl 1932 nicht mehr an der Hochschulpolitik, Oppelland spekuliert, dass dies eher an der allgemeinen politischen Lage als an der Bonner Hochschulpolitik lag.[138]

Zu den nationalkonservativen Hochschulgruppen lässt sich somit festhalten, dass vor allem der Waffenring trotz seiner zumindest teilweise nachweisbaren ideologischen Nähe zu den Nationalsozialisten spätestens ab 1932 in eindeutiger Opposition zu den Nationalsozialisten stand. Diese beruhte vor allem auf seiner Abneigung gegen das Vordringen des Studentenbundes in Bereiche, die er zu seinem traditionellen Kompetenzbereich zählte. Der Nationale Hochschulblock hingegen war schon vorher durch ein gewisses Maß an ideologischer Ablehnung dem Nationalsozialismus gegenüber motiviert und die Verbindungen in der Interessengemeinschaft Bonner Korporationen werden sich dem Waffenring näher ge-

---

[136] Gerhart Schröder an die Familie v. 27.11.31, zitiert aus Oppelland, Schröder, S. 61.
[137] Oppelland, Schröder, S. 61.
[138] Ebd., S. 62.

fühlt haben als dem antikorporativ auftretenden Studentenbund.

Außerhalb der Hochschulpolitik sollte der Studentenbund allerdings noch mindestens einen Verbündeten finden. Der
Bonner Verein Deutscher Studenten (VDSt), der sich schon bei
seiner Gründung 1882 den Antisemitismus zu seiner Raison
d'Être gemacht hatte, bot sich dem Studentenbund als natür-
licher Verbündeter an.[139] Zudem war der Verband der Vereine
Deutscher Studenten, der einzige studentische Dachverband,
der während der Rheinlandbesetzung durch die französischen
Militärbehörden verboten worden war und auch der spätere
,Reichsstudentenführer' Gustav Adolf Scheel war in seinen
ersten Studienjahren Mitglied in einem VDSt.[140] Auch eine
Vortragsveranstaltung der Studentenverbindung, zu der sie
den reaktionären Industriellen Fritz Thyssen als Redner ein-
lud, wurde im *Westdeutschen Beobachter* durch nationalsozialistische Studenten beworben und positiv besprochen. Dabei wurde von „dem uns wohlgesinnten Verein Deutscher
Studenten" berichtet.[141]

---

[139] Zirlewagen, Marc, "Unser Platz ist bei der großen völkischen Bewegung". Der Kyffhäuser-Verband der Vereine Deutscher Studenten
und der völkische Gedanke, Norderstedt 2014, S. 18f.
[140] Giles, Geoffrey, Students and National Socialism in Germany,
Princeton 1985, S. 18f.
[141] SSB SN 93 / Kampfbund für Deutsche Kultur - Ortsgruppe Bonn,
Bl.366, Zitiert aus: v. Maydell, NSDAP in Bonn, S. 151.

„Faschistische Verlockung und antifaschistische Entscheidung": Die ideologische Begründung der Arbeit
katholischer Studenten gegen den NS-
Studentenbund.

Während die nationalkonservativen Gruppen in der ASTAG
dem Studentenbund ideologisch nahestanden, ist es beim
dritten und größten Block der damaligen Bonner Studentenschaft einfacher, die Gründe für die Arbeit gegen die Nationalsozialisten zu identifizieren. Am besten wird die Abneigung
der Katholiken in der studentischen Kammer wohl in Hildebrandts Bericht über die konstituierende Sitzung nach der
Wahl im Jahr 1932 dargelegt.

> Nach den üblichen Eingangsphrasen schritt man zur
> Wahl der Vorsitzenden. Die katholischen Gruppen
> schlugen ihren Kandidaten vor, wir den unseren. Die
> Abstimmung ergab Gleichheit der Stimmen, damit fie-
> len beide Anträge. [...] [Der Vorsitzende der katholi-
> schen Gruppen] betonte, Bonn sei eine katholische
> Universität und müsse einen katholischen Vorsitzen-
> den haben. Ihm entgegnete unser Redner äußerst ge-
> schickt, Bonn sei keine katholische Universität, son-
> dern eine deutsche Universität und wir
> Nationalsozialisten wären die letzten, die nicht im
> Hinblick auf die stärkere Anzahl der katholischen Stu-
> dierenden diesem Wunsch, einen katholischen Vorsit-
> zenden zu haben, entgegenkämen. Wir zögen unseren
> Kandidaten zurück und setzten an seine Stelle einen
> katholischen Kandidaten, einen katholischen Kamera-
> den der NSDStB.

Da verließ die klugen Zentrumspolitiker jede Überlegung, die Maske fiel und wüste Beschimpfungen wurden laut. Einer dieser sauberen Burschen rief in den Raum: „Kein anständiger Katholik kann Nationalsozialist sein!"[142]

Dass den Studentenbund diese Beleidigung weniger traf, als er folglich behauptete, um seinen Auszug aus der Kammer zu begründen, sei dahingestellt. Der Rufende wird seinen Einwand aber wohl ernst gemeint haben. Die katholischen Bischöfe Deutschlands hatten die Unvereinbarkeit der NS-Ideologie und des Christentums zu diesem Zeitpunkt bereits erklärt,[143] und auch in den katholischen Studentenverbindungen wurden diese Aussagen zunehmend laut.

Nichtkorporierte Katholische Studenten inner- und außerhalb der ASTAG

Die katholischen Freistudenten waren dem völkischen Gedankengut noch abgeneigter als ein Großteil der im Ring Katholischer Korporationen (RKK) vertretenen Studenten. Schon Ende 1931 bezeichnete Hildebrandt diese als „nicht minder fanatisch [als die Republikanische Studentengruppe] und vielleicht gefährlicher."[144] Die andere katholische ASTAG-Gruppe außerhalb des RKK, die katholischen Theologen, bewertete er wiederum als bedeutungslos. Sie „sind harmloser und fügen sich immer dem Abstimmungszwang." Ein Vortrag aus dem

---

[142] Hildebrandt, Studenten, S. 59.
[143] Fuldaer Bischofskonferenz, impendenda asseclis societatum vetitarum, Winke betr. Aufgaben der Seelsorger gegenüber glaubensfeindlichen Vereinigungen, Beschluß der Bischofskonferenz zu Fulda, 05.08.1931. S. 7.
[144] Hier und in Folge: Hildebrandt an Lienau v. 19.11.1931, BA Sig.: NS 38/41.

Jahr 1933, den die Katholische Freistudentenschaft organisierte, gibt Hinweise auf die politische Einstellung der Studenten.
Der Vortrag trug den Titel *Faschistische Verlockung und Anti-*
faschistische Entscheidung und wurde von dem Linkskatholi-
ken Walter Dirks gehalten.[145] Die katholischen Freistudenten
vertraten in ihrem Wahlaufruf für die ASTAG- Wahl 1932 keinen Standpunkt zu den kontroversen Fragen in der Studentenschaft, aus denen ihre Agenda rekonstruiert werden könnte. Sie betonten stattdessen, dass sie die ASTAG als solches für
wichtig erachteten und hielten an der 1930 für die Gründung
der ASTAG gefundenen Formulierung fest, dass man sowohl
die staatliche Anerkennung als, auch die Einheit mit anderen
deutschen Studenschaften „auch mit unseren deutschen
Brüdern in unserem Bruderlande" suche.[146]

Die aktivste katholische Gruppe in dem Bereich der öffentlichen Vorträge war die Hochschulgruppe der Zentrumspartei,
die allerdings im Gegensatz zu der Hochschulgruppe der
NSDAP nicht in der ASTAG vertreten war. Zu welchem Teil sich
die HSG der Zentrumspartei aus Korporierten oder Freistudenten zusammensetzte, ist ebenfalls nicht mehr eindeutig
festzustellen, zumal die nationalsozialistische Polemik alle katholischen Gruppen als Zentrumspolitiker bezeichnete.[147]

Die studentische Zentrumsgruppe war am ehesten bereit, sich
direkt der Tagespolitik zu widmen, wohl auch, weil sie eben
nicht versuchte, durch die ASTAG Einfluss auf die Universität

---

[145] o.A., Universitätsleben, in: General-Anzeiger vom 17.02.1933, S.
3.
[146] o.A., Katholische Freistudentenschaft und ASTAGwahl, in: Bonner
Student 2/3 (1932), S. 7f.
[147] o.A., Universitätsleben, in: General-Anzeiger vom 21.04.1932, S.
3.

zu nehmen, und folglich die ‚unpolitische' Universität nicht zu politisieren drohte. Im Jahr 1930 befasste sich die Gruppe noch nicht mit dem Nationalsozialismus. Stattdessen lud man Redner für Vorträge über die soziale Stellung der Studenten[148] und die neue Universitätsverfassung ein. Bei letzterem sprach der preußische Landtagsabgeordnete und Bonner Universitätsprofessor Albert Lauscher. Der begrüßte die Gründung der ASTAG im Kontext der Hochschulreform und nahm gleichzeitig Stellung zur DSt. Eine „Arbeitsgemeinschaft mit den eigenen Lehrern, wo der Student die Verhältnisse besser überschaut, sei wertvoller als eine Neuorganisation der Gesamtstudentenschaft"[149] und „Der großdeutsche Gedanke sei zu begrüßen, die sogenannten arischen Rassenkämpfe seien abzulehnen." Die Tatsache, dass der Vortrag „von den zahlreichen Zuhörern mit großem Beifall aufgenommen" wurde, scheint zu zeigen, dass er damit den Gefühlen des Publikums weitestgehend entsprochen hat. Interessant ist weiter, dass in der nachfolgenden Diskussion die Gefahr der Radikalisierung der Studentenschaft angesprochen wurde, was ebenso wie die Auswahl des Redners selbst darauf hinweist, dass man im Publikum generell positive Gefühle für die Weimarer Republik hatte.

Noch im selben Semester, im Januar 1931, befassten sich die Zentrumsstudenten allerdings direkter mit den Nationalsozialisten. Nach einem Vortrag des Landtagsabgeordneten Leo Schwering zum Thema *Demokratie und Diktatur* war eine Dis-

---

[148] o.A., Die soziale Stellung des Studenten, in: General-Anzeiger vom 19.07.1930, S. 3.
[149] Hier und in Folge: o.A., Hochschulreform und Studentenschaft, in: General-Anzeiger vom 11.12.1930, S. 3.

kussion mit „Andersdenkenden",[150] sprich Vertretern des Nationalsozialismus, vorgesehen. In seiner Einleitung für dieses Gespräch sprach der Zentrumspolitiker davon, dass seine Partei in ihrer Geschichte schon „mit gefährlicheren Gegnern erfolgreich kämpfte." Es kam allerdings nicht zu der erhofften Diskussion. Nur zwei nationalsozialistische Zuhörer ergriffen das Wort und stellten in ihren Beiträgen die Zentrumspartei als „Steigbügelhalter des Marxismus" dar, mit denen eine Diskussion nicht angebracht sei. Die demokratischen Bemühungen der studentischen Zentrumsgruppe zeigten sich auch darin, dass sie im Gegensatz zum Großteil der Studentenschaft weniger revanchistisch auftraten. Im Februar 1931 luden sie zu einem Vortrag ein, bei dem der Redner in versöhnlichen Tönen das deutsch-französische Verhältnis schilderte.[151]

Neben der studentischen Zentrumsgruppe organisierten die Arbeitsgemeinschaft katholischer Studierender an der Universität Bonn und die katholische Studentenschaft Vorträge, die im *General-Anzeiger* besprochen wurden. Ob es sich dabei um dieselbe Vereinigung oder zwei unterschiedliche handelte, lässt sich nicht mehr erkennen. Jedenfalls ist von der Arbeitsgemeinschaft nur ein Vortrag im Mai 1930 dokumentiert, in dem der Redner Sowjetrussland kritisierte.[152] Ähnliches gilt

---

[150] Hier und in Folge: o.A., Demokratie und Diktatur, in: General-Anzeiger vom 23.01.1931, S. 3. Dieser Versuch der Kontaktaufnahme mit der NSDAP durch die Zentrumspartei war kein Einzelfall. Im Dezember desselben Jahres organisierte die Zentrumspartei in Dottendorf eine ähnliche Veranstaltung. Vgl.: o.A., Aussprache zwischen Zentrum u. Nazis, in: Deutsche Reichs-Zeitung vom 02.12.1931, S. 3.
[151] o.A., Studentische Zentrumsgruppe Bonn, in: General-Anzeiger vom 02.02.1931, S. 3.
[152] o.A., Über Russland und den Bolschewismus, in: General-Anzeiger vom 19.05.1930, S. 3.

für die katholische Studentenschaft, die im Folgejahr für eine Veranstaltung zwei Vorträge über die katholische Wirtschaftslehre organisierte, bei denen einer der Redner auch den Faschismus als kollektivistisch kritisierte.[153]

Die Gefahr und der Fanatismus, die Hildebrandt in der katholischen Freistudentenschaft sah, scheinen also weniger in der Propagandatätigkeit der nichtkorporierten katholischen Gruppen an der Universität als in deren fester Ablehnung der Vorstöße des Studentenbundes und anderer rechter Gruppen in der ASTAG, zu finden gewesen sein. Dies äußerte sich am offensichtlichsten in deren Widerstand gegen einen Beitritt der Bonner Studentenkammer zur die DSt, den sie - anders als manche katholische Korporierte - nie aufgaben.

Der Ring Katholischer Korporationen und die in ihm vertretenen Dachverbände

Die katholischen Korporierten, die inner- und außerhalb der ASTAG im Ring Katholischer Korporationen organisiert waren, als Monolith zu betrachten, ist indes irreführend. Neben den oberflächlichen Unterschieden - etwa ihrem Verhältnis zum öffentlichen Tragen von Verbindungsfarben - herrschten zwischen den katholischen Verbindungen auch unterschiedliche Meinungen zur Politik, zu der DSt und zu völkischem Gedankengut als solchem. Die Unterschiede lassen sich dabei für die verschiedenen in Bonn vertretenen Dachverbände generalisieren, da deren Mitgliedsbünde durch gemeinsame Prinzipien gebunden waren. In Bonn waren vier Dachverbände unter den katholischen Verbindungen tonangebend. Von diesen waren zwei, der Cartellverband der Katholischen Deutschen

---

[153] o.A., Vortragsabend der katholischen Studentenschaft, in: General-Anzeiger vom 15.07.1931, S. 3.

Studentenverbindungen (CV) und der Ring Katholisch Deutscher Burschenschaften (RKDB), farbentragend und zwei, der Unitasverband der Wissenschaftlichen Katholischen Studentenvereine (UV) und der Kartellverband katholischer deutscher Studentenvereine (KV), nicht farbentragend.

Die Einschätzung des Jesuiten und Kirchenhistorikers Klaus Schatz, dass die „katholische Haltung gegenüber der Republik überwiegend im Zeichen der Loyalität [stand]", aber sich „das allgemeine deutsche Problem der ‚ungeliebten Republik' auch in katholischen Äußerungen [niederschlug]",[154] ist zumindest für die korporierten katholischen Studenten in Bonn zutreffend. Spätestens ab der bischöflichen Unvereinbarkeitserklärung zwischen Katholizismus und Nationalsozialismus im Jahr 1931 zeigten sich alle katholischen Verbindungsverbände den Nationalsozialisten gegenüber offen ablehnend. Die trotzdem weiterhin bestehenden hochschulpolitischen Differenzen äußerten sich primär in dem Verhältnis der Dachverbände zur DSt und dem eng damit verbundenen völkischen Prinzip.

UV und KV entschlossen sich schon 1928 dazu, aus der Deutschen Studentenschaft auszutreten und beschlossen außerdem, 1931 nicht weiter an den Verbändebesprechungen, die diese zur Koordination mit den verschiedenen korporativen Dachverbänden ausrichtete, teilzunehmen. Sie begründeten diesen Schritt vor allem mit der Dominanz des völkischen Gedankenguts in der Organisation und ihren Beschlüssen.

Die Würzburger Verfassung und das Wiener Studentenrecht, die neben der deutschen Muttersprache die Abstammung zur Voraussetzung der Aufnahme in die

---

154 Schatz, Säkularisation, S. 238.

deutsche Einzelstudentenschaft machen und damit die Möglichkeit der Anwendung des arischen Prinzips geben, widersprechen dem Gedanken einer Allgemeinen großdeutschen Studentenschaft. Die Anwendung des arischen Prinzips könnte einer Reihe unserer reichsdeutschen und österreichischen Verbandsmitglieder die Möglichkeit nehmen, Mitglied in einer allgemeinen deutschen Studentenschaft zu werden.

[...] Solange die D.St. ein loyales Verhältnis zum heutigen Staat und seinen Symbolen nicht hergestellt hat und solange der innere Widerspruch, der in der Anwendung des arischen Prinzips in Oesterreich [sic.] und dem Staatsbürgerprinzip in Reichsdeutschland sich ergibt, nicht ausgeräumt ist, vermögen K.V. und U.V. die heutige Studentenschaft nicht zu unterstützen.[155]

Dieses Bekenntnis zur Weimarer Republik spiegelte sich auch in den Bonner Bünden wider. In ihrem Bericht an ihre Alten Herren über das Wintersemester 1929/1930 schrieb der Bonner KV-Bund Arminia von seiner Zeit als Vorstand des RKK.

Unserer Initiative verdanken wir einen Beschluß [sic.], daß [sic.] der Ring auf der nächsten Verfassungsfeier chargiert und damit den aufrichtigen Willen zur Mitarbeit am heutigen Staat bekundet. Nach langen, zum Teil schwierigen Verhandlungen wurde der Antrag im Ring einstimmig angenommen, was naturgemäß auch

---

[155] Roesch, Die Stellung des Unitas-Verbandes zur Deutschen Studentenschaft, in: Unitas. Monatsschrift des Verbandes der Wissenschaftlichen Katholischen Studentenvereine Unitas 72/9 (1931/1932), S. 167.

eine größere Aktivität in Hochschulpolitischen Dingen seitens der korporierten katholischen Studentenschaft zur Folge hatte.[156]

Das Bekenntnis der Arminia zur Weimarer Republik war sicher auch in persönlichen Loyalitäten begründet. Schließlich waren mit dem Kölner Oberbürgermeister Konrad Adenauer und dem Reichskanzler Wilhelm Marx zwei ihrer Mitglieder prominente Politiker im Weimarer System. Nicht zuletzt stellte auch die Entscheidung, Heinrich Brüning nach dem Ende seiner Regierungszeit eine Ehrenmitgliedschaft anzutragen, ein Bekenntnis zum politischen Katholizismus in der Republik dar.[157]

Von den in Bonn vertretenen Dachverbänden war der Ring Katholisch Deutscher Burschenschaften der jüngste und mit vier vergleichsweise jungen örtlichen Mitgliedsbünden vermutlich der kleinste. Er verdient aber schon allein deshalb Beachtung, weil die Katholisch Deutsche Burschenschaft Sigfridia im Sommersemester 1931 den Vorsitz des RKK übernahm. Der RKDB entstand in erster Linie aus ehemaligen UV-Verbindungen, die diesen Dachverband 1924 verlassen hatten.[158] Die primären Streitfragen waren dabei das öffentliche

---

[156] Arminen-Blätter Nr. 27, 20.03.1930, ACDP, Bestand Arminia 06-010-107.

[157]

[158] Feldkamp, Michael, Arminia 1863-1988 - Geschichte und Entwicklung, in: KStV Arminia 1863-1988, Feldkamp, Michael (Hg.), Bonn 1988, S. 22. Die Bewertung dieses Schrittes ist untrennbar mit der Bewertung Brünings verbunden. Eine Untersuchung der Rolle, die dieser in den letzten Jahren der Republik gespielt hat, liegt aber außerhalb des Umfangs dieser Arbeit. Es scheint in Anbetracht der vorhergegangenen Bekenntnisse der Arminia zur Republik eindeutig,

Farbentragen, die Elitebildung in den einzelnen Verbindungen und die damit verbundene „scharfe Betonung der Akademischen Standesehre und äußerer konsequenter gesellschaftlicher Vornehmheit."[159] In hochschulpolitischen Fragen hieß dies auch, dass der Ring einer Beteiligung an der DSt gegenüber positiver eingestellt war als die anderen katholischen Dachverbände, wobei man schon 1930 betonte, dass man nicht jeden „Husarenritt"[160] der DSt gutheiße.

Die Ringtagung stellte im selben Jahr fest, dass „Die Frage der Staatsform"[161] den RKDB nicht interessiere, man erkannte aber die Verfassung als Grundlage verantwortungsbewusster politischer Teilhabe an. Gleichzeitig betonten die Studenten, dass man „Den Zusammenschluß [sic.] des gesamten deutschen Volkes im geschlossenen Siedlungsgebiete zu **einem** [Hervorhebung wie im Original] Staate" anstrebe. Es war vor allem dieses großdeutsche Prinzip, dass den RKDB zu einem Festhalten an der DSt bewegte, nachdem andere katholische Studentenorganisationen dieser bereits den Rücken gekehrt

---

dass das Verleihen der Ehrenmitgliedschaft an Brüning nicht als Bekenntnis zum System der Präsidialkabinette gelesen werden sollte.
[159] WKDStV Normannia Freiburg i.Br., in: Ring Wissenschaftlicher Katholischer Deutscher Studentenverbindungen, 1. Jahrbuch 1925, S. 18. Zitiert aus: Sigfridia, S. 23.
[160] Protokoll der sechsten Ringtagung des Ringes Katholisch Deutscher Burschenschaften. 13.-16.06.1930, Archiv des Rings Katholisch Deutscher Burschenschaften. Bericht des hochschulpolitischen Vertreters und des hochschulpolitischen Ausschusses.
[161] Hier und in Folge: Protokoll der sechsten Ringtagung des Ringes Katholisch Deutscher Burschenschaften. 13.-16.06.1930, Archiv des Rings Katholisch Deutscher Burschenschaften, Fortführung der hochschulpolitischen Beratungen.

hatten und die Dominanz des NSDStB auf dem Studententag in Graz offensichtlich geworden war.[162]

Das heißt allerdings nicht, dass man in den Ringburschenschaften den Erklärungen der Bischöfe nicht Folge leistete. Eine entsprechende Erklärung wurde im Dezember 1931 verabschiedet.

> Der siebente Altherrentag des R.K.D.B. erachtet es als die selbstverständliche Pflicht der Mitglieder des R.K.D.B., in Fragen der nationalsozialistischen Bewegung sich streng und gewissenhaft an die Weisungen ihrer Bischöfe zu halten.[163]

Der größte Dachverband katholischer Studentenverbindungen, der CV, war, ebenso wie der RKDB, von einer ambivalenten Haltung der Republik und ihren Werten gegenüber geprägt.[164] Schon 1920 wurde auf der Cartellversammlung ein Beschluss, der jüdischen Konvertiten und ihren Nachfahren die Mitgliedschaft in den CV Verbindungen verwehrte, angenommen und dann in einer brieflichen schriftlichen Nachabstimmung wieder aufgehoben worden.[165] Die Diskussion darüber, inwiefern antisemitische Mitgliedschaftskriterien für eine katholische Verbindung legitim seien, tauchte in den Folgejahren allerdings wiederholt auf. Man konnte aber 1935 berichten, schon vor der ‚Gleichschaltung' „so gut wie keine

---

[162] Fischer, Edward, Bemerkungen zu hochschulpolitischen Fragen, in: Der Ring, 8/1 (1932), S. 8.
[163] Fischer, Edward, Keine Parteipolitik, in: Der Ring, 8/2 (1932), S. 2.
[164] Sklorz, Norbert, Die "politische" Haltung der Academia 1918-1935. Ein Beitrag zur Geschichte des CV in der Weimarer Republik (Veröffentlichungen des Archivvereins des Markomannia 18), Würzburg 1980, S. 32.
[165] Ebd., S.45.

Juden oder jüdisch Versippte in seinen Reihen"[166] gehabt zu haben, was darauf hinweist, dass auch die einzelnen Mitgliedsbünde nur selten bereit waren, sich über bestehende Ressentiments hinwegzusetzen.

Auch in seinem Bekenntnis zum großdeutschen Prinzip stand der CV dem RKDB in nichts nach,[167] was auch hier in einer positiven Einstellung zur DSt-Mitgliedschaft mündete. Jedenfalls überrascht es nicht, dass sowohl RKDB-, als auch CV-Mitglieder 1932 in der ASTAG „auf Befehl ihrer Verbände"[168] für den Zutritt in die DSt stimmen mussten.

In Anbetracht dieser kurzen Untersuchung der im RKK vertretenen Dachverbände wird ersichtlich, dass in der Ablehnung des Nationalsozialismus Einklang herrschte. Vor allem im Verhältnis zur Demokratie, zwischen einer positiven Stellungnahme durch KV und UV und Ambivalenz beim RKDB und CV, und völkischem Gedankengut traten aber Differenzen auf. Diese ermöglichten 1932 den Beitritt der ASTAG in die DST, als es den einzelnen Delegierten von Seiten des RKK freigestellt wurde, nach eigener Überzeugung zu stimmen. Die Delegierten waren damit, vom Wahlzwang ihrer Fraktion befreit und den Zwängen der Dachverbände ihrer Verbindungen ausgesetzt.

Die Republikaner und Sozialisten als erste Gegner des Studentenbundes

Die Republikanische Hochschulgruppe an der Bonner Universität war in den späteren Jahren der Weimarer Republik zur

---

[166] Bericht über die 63. Cartellversammlung des CV; Academia 48. Jahrgang (1935), Nr.5/6, S.98., zitiert aus: Ebd., S.49.
[167] Ebd., S.39.
[168] Blümel an Reichsleitung der DSt v. 06.07.1932, BA Sig.: NS 38/41.

politischen Minderheit geworden. Sie erhielt nach der Rekonstituierung der Bonner Studentenschaft nie mehr als 6 Prozent[169] der abgegebenen Stimmen und war damit in der ASTAG weitestgehend von den republikanischen Elementen der katholischen Studentenschaft abhängig. Anders als bei anderen freistudentischen Hochschulparteien kann die Zusammensetzung und Ideologie des Republikanischen Blocks gut nachvollzogen werden, während die sozialistischen Gruppen außerhalb der ASTAG zwar in den nationalsozialistischen Narrativen eine sehr große Rolle spielten, ideologisch aber weniger definiert waren.

Die Republikanischen Studenten

Als Hildebrandt die Republikaner in einem Brief an den Vorsitzenden der DSt als „Sozi's [sic] und Juden"[170] bezeichnete, offenbarte er erneut seinen Antisemitismus. Nichtsdestotrotz deckt sich seine Beschreibung weitestgehend mit den anderen verfügbaren Informationen zu dieser Gruppe. In ihrem Wahlaufruf im *Bonner Student*, der zur ASTAG-Wahl 1932 veröffentlicht wurde, vertraten die republikanischen Studenten typisch sozialdemokratische Positionen.

> In dieser Zeit schwerster materieller und seelischer Not für unser Volk und angesichts einer bedrohlichen außenpolitischen Situation (Abrüstungskonferenz, Reparationen) wie auch angesichts der Spannungen zwischen Arbeit und Kapital wenden wir uns an diejenigen unter euch, die in wahrer Verantwortung und Hingabe und in entschlossenem Kampf gegen den un-

---

[169] v. Maydell, NSDAP in Bonn, S. 142.
[170] Hildebrandt an Lienau über die Hochschulpolitische Lage in Bonn v. 30.09.1931, BA Sig.: NS 38/41.

ser Volk verhetzenden und zersetzenden Faschismus und Kommunismus mit uns stehen wollen.

Der Republikanische Block, Liste 6, ist im Vorjahre hineingetreten [sic.] und wird auch weiter hineintreten [sic.] für die Gleichberechtigung aller deutschen Studenten und Studentinnen an den Bonner Hochschulen, deren materielle und ideelle Belange auf dem Gebiete ihres Studienlebens (Herabsetzung und Staffelung der Studiengebühren nach sozialen Gesichtspunkten, Entpolitisierung der Hochschularbeit) wir in der ASTAG vertreten.

In diesem Sinne wird der Republikanische Block, Liste 6, nach den Wahlen weiterkämpfen für sachliche entpolitisierte Arbeit in der ASTAG und für deren immer noch nicht erreichte Staatliche Anerkennung auf schnellstem direktem Wege![171]

Die republikanische Gruppe zeichnete sich demnach neben ihrem Einsatz für die Unterstützung der ärmeren Studenten auch durch das Eintreten für Gleichberechtigung aus. Ein Aspekt dieser Gleichberechtigung war die der Geschlechter. Es ist zu bemerken, dass die Republikaner mit der Studentin Lilli Simon die einzige Frau stellten, die einen der veröffentlichten Wahlaufrufe unterschrieb. Das Eintreten der Republikaner für jüdische Studenten war indes nicht weniger kontrovers. Hier

---

[171] Simon, Lili, Mühlfelder, Werner, Kommilitonen! Kommilitonen!, in: Bonner Student 2/3 (1932) S.9. Die zwei „Druckfehler", die aus dem Wort „eingetreten" das Wort „hineingetreten" gemacht haben, wurden absichtlich durch Hildebrandts Manipulation herbeigeführt. Vgl.: Hildebrandt, Studenten, S. 47; v. Maydell, NSDAP in Bonn, S. 153.

ist vor allem die Ankündigung zu beachten, dass man weiter die staatliche Anerkennung anstrebe. Das war zwar seit 1930 Teil der Satzung der ASTAG, wurde aber zunehmend ignoriert, da es eine Teilnahme an der Deutschen Studentenschaft ausgeschlossen hätte, die ebenfalls in der Satzung verankert war, und vor allem in den rechten Gruppen starke Fürsprecher fand. Da es der völkische Antisemitismus war, der seitens des preußischen Kultusministeriums zu der Entscheidung führte, den ASTAs die staatliche Anerkennung zu entziehen, kann man hier eine Ablehnung dieser Ideologie seitens der Bonner Republikaner erkennen. In diesem Licht muss auch die Ankündigung, dass man sich für die Gleichberechtigung aller deutscher Studenten einsetze, als Bekenntnis zum Staatsbürgerprinzip verstanden werden.

Dass Hildebrandt die Juden als separate Gruppe im Republikanischen Block bezeichnete, ist Ausdruck seiner ideologischen Einstellung. Es ist angesichts des im rechten Block allgegenwärtigen Antisemitismus und des katholischen Glaubensbekenntnisses der restlichen Gruppen aber kein Wunder, dass ,nicht-arische' Studenten sich in der sozialdemokratischen Fraktion beteiligten. Das galt auch für Lili Simon, deren Vater jüdischer Abstammung war.[172] Auf jeden Fall war der Republikanische Block aber die Gruppe, die in der ASTAG

---

[172] Simon studierte in Bonn und Erlangen ev. Theologie und Philologie. Nach ihrer Promotion 1933 verließ sie Deutschland und verbrachte die Kriegsjahre zunächst in Rumänien und dann in Tel-Aviv und Rehovot. Erst 1952 kehrte sie aufgrund einer Augenerkrankung nach Deutschland zurück. Vgl.: Küpper, Gertrud, Lili Simon, in: Ludwig, Hartmut et al. (hghg), Evangelisch Getauft - als "Juden" verfolgt. Theologen jüdischer Herkunft in der Zeit des Nationalsozialismus, Stuttgart 2014, S. 324f.

vom Nationalsozialismus ideologisch am weitesten entfernt war.

Außerhalb der studentischen Selbstverwaltung trat für die republikanischen Studenten außerdem noch der Bonner Ableger des Deutschen Republikanischen Hochschulbundes (DRHB) auf. Dieser wurde 1927 in Heidelberg als Nachfolgeorganisation des loser organisierten Republikanischen Studentenkartells gegründet[173] und hatte als ersten Vorsitzenden Walter Kolb, der zuvor die sozialistische Bonner Studentengruppe leitete. Er verstand sich als sozialdemokratischer Patriot und war dem rechten Hofgeismarer Kreis unter den Jungsozialisten zuzuordnen. Vor allem aber war Kolb ein Kämpfer für die Zusammenarbeit der republikanischen Kräfte in der deutschen Jugend, was unter seinen Parteigenossen nicht immer auf Zustimmung traf.[174] Inwiefern sich in Bonn nichtsozialdemokratische Gruppen am DRHB beteiligten, ist nicht klar. Der überparteiliche Ansatz wird die Zusammenarbeit mit den der Zentrumspartei nahestehenden katholischen Gruppen am Rhein aber erleichtert haben.

---

[173] Kreutz, Wilhelm, Studenten im Kampf für die Weimarer Republik. Vom "Reichskartell der Republikanischen Studenten" zum Republikanischen Studentenbund (1922-1933), in: JbUG 17, Stuttgart 2014, S. 195.

[174] Walter, Franz, Sozialistische Akademiker- und Intellektuellenorganistaionen in der Weimarer Republik. Solidargemeinschaft und Milieu: Sozialistische Kultur- und Freizeitorganisationen in der Weimarer Republik, Band 1 (Politik und Gesellschaftsgeschichte 22), Bonn 1990, S. 72. Der Verband sozialistischer Studenten versuchte zunächst seinen Mitgliedern die Mitgliedschaft im DRHB nur da zu erlauben, wo keine sozialistische Studentenschaft existierte. Dies scheiterte allerdings und der Beschluss wurde 1930 revidiert.

Über die Aktivitäten des Bonner DRHB lässt sich aus den Zeitungsberichten des *General- Anzeigers* lesen, dass man sich neben rein hochschulpolitischen durchaus auch mit allgemeinpolitischen Themen befasste. Im Wintersemester 1931/1932 wurden zwei Artikel veröffentlicht, die von Vorträgen zur Wirtschaftspolitik berichteten. Auch dabei schien der parteienübergreifende Charakter der Gruppe durch. Zunächst sprach der sozialdemokratische deutschamerikanische Professor Rudolf Broda, der sich für die Einführung eines Fünf-Jahres-Planes nach sowjetischem Vorbild einsetzte, gleichzeitig aber die Diktatur des Proletariates für unnötig hielt,[175] und danach der Vorsitzende des Reichsbundes Deutscher Demokratischer Studenten, also der Hochschulorganisation der Deutschen Demokratischen Partei. Er hielt einen gemäßigteren Vortrag, in dem er versuchte, die Ursachen der Weltwirtschaftskriese zu erörtern.[176] Das hieß allerdings nicht, dass das Hochschulpolitische im Vortragswesen des DRHB komplett ignoriert wurde. Im Januar 1933 sprach der Kölner Kreisleiter des Deutschen Studentenverbandes, einer demokratisch geprägten Konkurrenzorganisation zur DSt, über den „Kampf für die studentische Selbstverwaltung"[177], wobei er eine Stärkung der Fachschaften vorschlug.

Letztlich veranstalteten die republikanischen Studenten demonstrativ patriotische Veranstaltungen. Diese Veranstaltungen dienten der Widerlegung von nationalistischen und nati-

---

175 o.A., Die republikanischen Studenten, in: General-Anzeiger vom 10.11.1931, S. 3.

176 o.A., Rationalisierung und Arbeitslosigkeit, in: General-Anzeiger vom 19.11.1931, S. 3.

177 o.A., Universitätsleben, in: General-Anzeiger vom 23.01.1933, S. 3.

onalsozialistischen Narrativen gegen die Weimarer Republik und der Werbung für diese Staatsform bei den Studenten. Sie spiegelten dabei auch den Einfluss Kolbs an seiner Alma Mater wider und sind ein weiterer Hinweis darauf, dass die Sozialdemokraten, die Mitglied bei den Bonner Republikanern waren, eher dem rechten Parteiflügel zugeordnet werden können. Am 25. Juli 1931 legte der Bonner Republikanische Studentenbund anlässlich der akademischen Verfassungsfeier im Ehrenhof der Universität[178] einen Kranz nieder, mit dem er der im Ersten Weltkrieg gefallenen Studenten und Dozenten gedenken wollte.[179] Außerdem hielt Kolb selber für den ASTAG-Wahlkampf im Februar 1933 einen Vortrag, in dem er die patriotische Gesinnung seiner Gruppe beschwor. „Die republikanischen Studenten‘, so führte er aus, ‚haben es gar nicht nötig sich gegen den Vorwurf mangelnder nationaler Gesinnung zu verteidigen, denn während des Rhein- und Ruhr-Kampfes standen sie in vorderster Reihe."[180]

Sozialistische Gruppen außerhalb der ASTAG

Neben den national gesinnten Sozialdemokraten im DRHB gab es in Bonn aber noch andere sozialistische Hochschulorganisationen. Von diesen versuchte eine zur ersten ASTAG-Wahl ei-

---

[178] Die Ehrenhalle befindet sich zwischen dem Eingang und dem Innenhof der Universität, wenn man diese von der Innenstadt aus betritt.

[179] o.A., Kranzniederlegung an den Gefallenen-Gedenktafeln, in: General-Anzeiger vom 31.07.1931, S. 3. Der Kranz, der in den Farben Schwarz-Rot-Gold gestaltet war, wurde durch den Rektor entfernt, weil er fürchtete, dass die Ehrenhalle für demonstrativ politische Veranstaltungen und eine Auseinandersetzung zwischen Schwarz-Rot-Gold und Schwarz-Weiß-Rot genutzt werden könnte.

[180] o.A., Republikanischer Hochschul-Block, in: General-Anzeiger vom 06.02.1933, S. 3.

ne Liste aufzustellen, scheiterte allerdings an den dafür erforderlichen dreißig Unterschriften.[181]

Kolb war von 1923 bis 1925 Mitglied des Hauptvorstandes des sozialdemokratischen Verbandes Sozialistischer Studentengruppen Deutschlands und Österreichs (SSt) und führte für die republikanisch eingestellten Volksstudenten die Bonner Studentenschaft.[182] Die Bonner Ortsgruppe dieses Verbandes scheint auch die zweite Hälfte der 20er Jahre überstanden zu haben. Auf jeden Fall berichtete der *General-Anzeiger* im Januar 1931 vom *Dritten Abwehrabend gegen den Faschismus*[183] der Bonner Ortsgruppe der SSt, auf dem der ehemalige Innenminister und Reichstagsabgeordnete Wilhelm Sollmann den „Dolchstoß von Hinten" widerlegte. Ob Mitglieder dieser Gruppe, wie Kolb es während seiner Studentenzeit tat,[184] in der Hochschulpolitik bei den Republikanern mitarbeiteten, ist unklar, es wäre aber nicht außergewöhnlich.[185] Die Mitarbeit der Bonner SSt im Republikanischen Hochschulblock spräche auch nicht zwingend dagegen, dass es sich bei der gescheiterten Liste 1930 um eine Liste der Bonner Sozialdemokraten handelte. Sollten Mitglieder des linken Parteiflügels ei-

---

[181] Proske an Grimme v. 22.02.1930, UAB, Kur. 106, Stud. Der Universitätskurator schreibt in diesem Bericht nur von „der sozialistischen Gruppe", die angeblich durch einen Vertreter bereits in Berlin beim Ministerium vorgesprochen habe.

[182] Walter, Sozialistische Akademiker, S. 71; o.A., Republikanischer Hoschschul-Block, in: General-Anzeiger vom 06.02.1933, S. 3.

[183] Hier und in Folge: o.A., Aus dem Universitätsleben, in: General-Anzeiger vom 30.01.1931, S. 3.

[184] o.A., Republikanischer Hoschschul-Block, in: General-Anzeiger vom 06.02.1933, S. 3. Kolb sieht eine Kontinuität zwischen den Volksstudenten und dem Republikanischen Hochschulblock.

[185] Walter, Sozialistische Akademiker, S. 71.

ne Verwässerung des sozialistischen Gedankens befürchtet haben, ist es möglich, dass sie sich für die Gründung einer eigenen Gruppe entschieden.[186]

Neben der SSt gab es in Bonn außerdem noch die Sozialistische Arbeitsgemeinschaft (SAG). Diese gehört zu den besser dokumentierten Gruppen an der Bonner Universität, weil mehrere ihrer Veranstaltungen im *General-Anzeiger* besprochen wurden und die Gruppe mehrmals zum Ziel nationalsozialistischer Anfeindungen wurde, die Hildebrandt in seinen Schriften dokumentierte. Dieser betonte dabei, dass in der Gruppe sowohl Sozialdemokraten als auch Kommunisten vertreten gewesen seien.[187] Eine derartige Mischung war in der frühen Weimarer Republik nicht ungewöhnlich gewesen, im Verlauf der 20er Jahre aber selten geworden.[188] Die Tatsache, dass eine solche Gruppe in Bonn noch im Jahr 1928 bestanden hat, ist folglich außergewöhnlich und möglicherweise dem Einfluss des eng mit der Gruppe assoziierten sozialdemokratischen Bonner Professors und Stadtabgeordneten Alfred Kantorowicz geschuldet.[189]

Die Satzung der Arbeitsgemeinschaft widmete diese der „Pflege des wissenschaftlichen Sozialismus"[190] und schloss einen Zusammenschluss mit politischen Hochschulgruppen aus. Zu diesem Zwecke luden die Studenten regelmäßig Redner

---

[186] Ebd.

[187] Hildebrandt, Studenten, S. 10; v. Maydell, NSDAP in Bonn, S. 143.

[188] Walter, Sozialistische Akademiker, S. 29f.

[189] Peth, Fahnen, S. 16. Die Nationalsozialisten sahen in Kantorowicz das geistige Oberhaupt der SAG und tatsächlich tagten diese zeitweise in seiner Wohnung. Vgl.: Höpfner, Universität Bonn, S. 34.

[190] Sozialistische Arbeitsgemeinschaft an der Universität Bonn, Willkür-Herrschaft, S. 9.

ein. Gemäß dem wissenschaftlichen Ansatz der Gruppe handelte es sich bei diesen Rednern häufig um marxistische Professoren. Ein erster Vortrag des Austromarxisten Max Adler konnte im Wintersemester 1928/1929 noch in den Hörsälen der Universität stattfinden, durch das politische Manövrieren des NS-Studentenbundes wurde der Sozialistischen Arbeitsgemeinschaft dann aber das Abhalten von Veranstaltungen in der Universität untersagt. Nachdem die SAG daraufhin in der SPD-nahen Rheinischen Zeitung eine Anklageschrift mit dem Titel *Willkür-Herrschaft an der Bonner Universität* veröffentlichte, in der man dem Rektor vorwarf, er würde Sozialisten benachteiligen, wurde sie, wie Hildebrandt berichtet, durch Rektor Rademacher verboten.[191] Nachdem die Sperre der Arbeitsgemeinschaft 1930 aufgehoben worden war,[192] setzte die SAG ihre vorherige Tätigkeit fort.

Zum ersten Vortrag lud man einen Moskauer Professor ein, der den sowjetischen Fünfjahresplan und die Kollektivierung der Landwirtschaft pries.[193] Im Zuge der Organisation dieses Vortrages wurde ein Mitglied der Gruppe durch „vier natio-

---

[191] Ebd.; Hildebrandt, Studenten, S. 10f.
[192] Vgl.: Hildebrandt, Studenten, S. 42; v. Maydell, NSDAP in Bonn, S. 144. Laut von Maydell wurde das Verbot der SAG bereits „im übernächsten Semester" wieder aufgehoben. Dabei liest er allerdings Hildebrandt falsch. Dieser berichtet vom erneuten Auftauchen der SAG im Kontext des ASTAG-Wahlkampfes 1931, also im WS 1930/1931. Von Maydells Aussage würde Sinn ergeben, wenn er diesen mit dem Wahlkampf im WS 1929/1930 verwechselte, von dem Hildebrandt auf der vorherigen Seite berichtete. Tatsächlich tritt die SAG im SoSe 1930 wieder auf, was von Maydell scheinbar nicht bekannt war.
[193] o.A., Der Fünfjahrplan der Sowjetunion, in: General-Anzeiger vom 17.07.1930, S. 3.

nalsozialistische halbwüchsige Burschen"[194] zusammenge-
schlagen. Unabhängig davon, ob es sich bei den Tätern um
Mitglieder des Studentenbundes handelte, war dieser über
den Vorfall doch definitiv nicht unglücklich.[195] Die tätlichen
Auseinandersetzungen reflektieren dabei die zunehmend auf-
geheizte politische Stimmung in Bonn, die sich immer häufi-
ger in Straßenkämpfen entlud.[196] Folglich kam es auch zu Angriffen auf nationalsozialistische Studenten.

Nachdem der Tod eines Bonner SA-Mannes im Dezember
1930 die wohl gewalttätigste Phase des ‚Kampfes um die
Straße' eingeläutet hatte, wurde Hildebrandt nur wenige Tage
später auf offener Straße angegriffen. Ein ihn begleitender
Kamerad wurde so schwer verletzt, dass er ins Krankenhaus
musste, Hildebrandt selbst entkam allerdings ohne Verletzun-
gen. Bei den Schlägern handelte es sich zwar nicht um Studenten, der Angriff diente den Nationalsozialisten allerdings
als Entschuldigung, in Zukunft zum vermeintlichen Selbst-
schutz auf SA und SS zu setzen.[197] Wenn man Hildebrandt
Glauben schenken will, so versuchte die SAG, den Bonner
Studentenbund im Vorfeld der ASTAG-Wahl 1931 aktiv zu pro-

---

[194] Senf, nur der Freiheit, S. 24.
[195] Ebd. Die Jubiläumsschrift berichtet hämisch, dass „Das arme Volk
Israel […] seines Lebens nicht mehr sicher" gewesen sei. Im Übrigen
war es in der Bonner Partei gang und gäbe, dass Gewalt im Sinne,
aber ohne das Mitwissen oder gar Mitwirken der Parteiführung,
durch Mitglieder der Basis ausgeübt wurde. Vgl. Bothien, Pierre, Das
braune Bonn. Personen und Ereignisse (1925-1939) (Forum Geschichte 5), Bonn 2005, S. 24f.
[196] Bothien, Das braune Bonn, S. 23.
[197] o.A., Überfall auf Studenten, in: General-Anzeiger vom
10.12.1930, S. 3; Hildebrandt, Studenten, S. 41; Senf, nur der Freiheit, S. 26.

vozieren, wohl um ein Verbot durch den Rektor zu erwirken. Bei Veranstaltungen auf dem Gelände der Universität hielten die NS-Studenten sich allerdings von den Sozialisten fern.[198] Erst als die Düsseldorfer Oberschulrätin Adelheid Torhorst[199] Mitte Januar außerhalb der Universität sprechen sollte, entschloss sich der Studentenbund, die Veranstaltung zu besuchen und zu sabotieren. Der eigentliche Sabotageakt wurde dabei erneut durch einen Nichtstudenten ausgeführt, indem ein Bonner SS-Mann Tränengas im Saal freisetzte. Hildebrand nutzte dies aus, um die Anwesenden zum Verlassen des Saales aufzufordern und die Menge der vor der Tür versammelten Nationalsozialisten zum Rufen von Parolen zu motivieren.[200]

Die Sabotageaktion blieb für den Bonner Studentenbund ungestraft. Zwar versuchte die SAG, die Schuld im Nachhinein durch das Verteilen von Flugzetteln auf den Studentenbund zu schieben, aber der Sieg im ‚Kampf um die Straße', den der Studentenbund durch das Sabotieren einer durch das Reichsbanner Schwarz-Rot-Gold[201] geschützten Veranstaltung errin-

---

[198] Hildebrandt, Studenten, S. 42.

[199] Adelheid Torhorst gehörte zum linken Parteiflügel der SPD und trat noch im selben Jahr zur KPD über. Vgl.: Roth, Thomas, Adelheid Torhorst und Marie Torhorst, in: 100 Jahre Frauenstudium. Frauen der Rheinischen Friedrich-Wilhelms-Universität Bonn, Kuhn, Annette, Rothe, Valentine, Mühlenbruch, Brigitte (hghg), Göttingen 1996, S. 167.

[200] Bothien, Das braune Bonn, S. 24f.

[201] Von der Gegenwart des Reichsbanners, einem Kampfbund, der sich dem Schutz der Republik verschrieben hatte, berichtet Hildebrandt. Sie ist insofern interessant, als das Bonner Reichsbanner durch den „Reichsführer" des DRHB, Walter Kolb, gegründet worden war und beide Organisationen eng zusammenarbeiteten. Hier, wie in dem von Hildebrandt beschriebenen Publikum, wird erneut die

gen konnte, schien in den Augen der Studentenschaft schwerer zu wiegen als die gesetzeswidrige Art desselben. Die Nationalsozialistische Presse schlachtete den Vorfall mit hämischen Überschriften aus und Hildebrandt urteilte, dass die Sozialisten in der Tränengasaffäre lächerlich gemacht worden seien.[202]

Das Ende der Gewalttaten war allerdings noch nicht erreicht. Noch am Wahltag kam es vor dem Haupteingang der Universität zu einer Auseinandersetzung zwischen der Bonner SS und linken Arbeitern. Schon den ganzen Tag waren Plakatträger der SAG, die zum Stimmenthalt aufriefen, und des NSDStB von einer größeren Menschenmenge umgeben gewesen. Die Anwesenheit der nationalsozialistischen Paramilitärs ist Ausdruck der Gewaltbereitschaft der Bonner NSDAP und auch des Studentenbundes. Ob die linke Opposition ebenfalls bereits auf Gewalt eingestellt war, oder sich - wie der *General-Anzeiger* berichtete - nur zufällig zusammengefunden hatte, lässt sich nur schwer beurteilen. Ein ebenfalls anwesendes Überfallkommando der Polizei scheint einer Massenschlägerei vorgebeugt zu haben, es kam allerdings neben Beleidigungen und Reiberein trotzdem zu einem schwereren Vorfall, zu dem die Polizei Stellung bezog.

Als die Reibereien zwischen den beiden radikalen Gruppen bereits beigelegt waren, stürzte plötzlich einer der SS-Leute auf einen Kommunisten zu und schlug auf ihn mit einem schweren Knüppel ein. Der

---

intersozialistische Natur der SAG offenbar. Vgl.: Hildebrandt, Studenten, S. 43; Walter, Sozialistische Akademiker, S. 72.
[202] Hildebrandt, Studenten, S. 44. Der Westdeutsche Beobachter betitelte einen Artikel zu dem Vorfall mit „H2S – SDS".

Kommunist konnte aber die Schläge mit dem Arm vom Kopf abwehren und wurde daher nur am Arm verletzt. Sofort nahm die Polizei den Nationalsozialisten fest, der abgeführt wurde.[203]

Mit der Wahl endete zumindest der gewaltsame Teil der Auseinandersetzungen zwischen den extremen Seiten der Bonner Studentenschaft. Die Tatsache, dass es im Nachhinein nicht mehr zu derartigen Auseinandersetzungen kam, ist wohl auch der weniger angespannten Lage in Bonn außerhalb der Universität geschuldet.[204]

Zwar entschieden sich die Nationalsozialisten, bei den Veranstaltungen, die die SAG im Sommersemester 1931 abhielt, erneut dazu, störend einzugreifen. Sie taten dies aber auf gewaltfreie Weise, indem man über die Parteipresse den Zugang der Sozialisten zu Hörsälen angriff und Veranstaltungen störte.[205] Für den Winter des Jahres sind noch zwei weitere Vorträge dokumentiert, die Aktivität der Gruppe wurde aber geringer.[206] Außerdem riefen die Sozialisten im Wahlkampf im Februar 1932 erneut zum Boykott der Wahl auf, es kam allerdings nicht wieder zu Auseinandersetzungen.[207] Sie ver-

---

[203] o.A., Die Bonner ASTAG-Wahlen, in: General-Anzeiger vom 14.02.1931, S. 3.
[204] Die im Dezember beginnende heiße Phase der Auseinandersetzungen zwischen Kommunisten und NSDAP in Bonn endete nach ungefähr vier Monaten. Vgl.: Bothien, Das braune Bonn, S. 24.
[205] o.A., zur Vergebung der Hörsäle, in: General-Anzeiger vom 24.07.1931, S. 3; Hildebrandt, Studenten, S. 48.
[206] Es handelte sich beide Male um Reiseberichte von Professoren, die durch die Sowjetunion gereist waren. Vgl.: o.A., Von Leningrad zum Kaukasus, in: General-Anzeiger vom 30.11.1931, S. 3; o.A., Russisches Reisen, in: General-Anzeiger vom 03.12.1931, S. 3.
[207] o.A., Der Wahlkampf, in: General-Anzeiger vom 02.02.1932, S. 3.

schwanden dann sowohl aus den Narrativen der Nationalsozialisten, als auch aus der Berichterstattung des *General- Anzeigers.*

Abschließend lässt sich über die SAG sagen, dass sie zwar in
ihrer Opposition zum Nationalsozialismus vermutlich die
Gruppe war, die als erste und am entschiedensten versuchte,
den Tätigkeiten des Studentenbundes etwas entgegenzusetzen, aber an der geringen Anzahl ihrer Mitglieder[208] und der
generellen Antipathie der Bonner Studenten ihr gegenüber
scheiterte. Gleichzeitig diente sie dem NSDStB als Feindbild,
das er regelmäßig propagandistisch angreifen konnte, um das
eigene Profil in der grundsätzlich antikommunistisch gestimm-
ten Studentenschaft zu stärken.

Parteigenossen gegen Parteigenossen: Innernatio-
nalsozialistische Auseinandersetzungen

Die Tatsache, dass Hildebrandt seine Autobiographie *Studenten im Braunhemd* nannte und in diesem Werk immer wieder
begeistert von seiner SA-Mitgliedschaft schwärmte, lässt bei
unkritischer Lektüre den Eindruck entstehen, die Zusammenarbeit zwischen den nationalsozialistischen Bonner Studenten
und anderen örtlichen Parteigliederungen sei immer positiv
verlaufen.

Ein Beispiel hierfür ist Hildebrands Bericht von der Sommer-
sonnenwendfeier des Bonner NSDStB im Jahr 1931, zu der
„wir unsere SA- Kameraden und die Bonner Ortsgruppe der

---

[208] Peth, Fahnen, S. 16. Die nationalsozialistische Festschrift berichtet 1938 von ungefähr 30 Mitgliedern, von denen mehr als 20 jüdisch gewesen sein.

Partei herzlich einluden"[209] und auf der sogar für „unsere er-
werbslosen SA-Kameraden" durch die großzügige Weinspende
eines Bonner Parteimitgliedes gesorgt worden war. Bei nähe-
rer Betrachtung wird an diesem Beispiel aber offensichtlich,
wie sehr der ehemalige Bonner ‚Hochschulgruppenführer'
nach dem Beginn seiner Parteikarriere 1932 die unschönen
Teile seiner Studentenzeit beschönigte. Tatsächlich war Hikad
nämlich schon im Mai desselben Jahres, also zwei Monate zuvor, demonstrativ aus der SA ausgeschieden, nachdem es zu
wiederholten Konflikten zwischen dem Bonner Studentenbund und der Bonner SA gekommen war.[210]

Die Konflikte des Bonner NSDStB und der örtlichen NSDAP
waren bedingt durch den Versuch Hildebrandts, die organisa-
torische Unabhängigkeit der Hochschulgruppe von der Ortsgruppe durchzusetzem. Sie erreichten ihren Höhepunkt im
Mai 1931, als der nationalsozialistische Bonner Theologiestu-
dent Hans Bonert von Mitgliedern der Partei überfallen und
niedergeschlagen wurde.[211] Hildebrands Unwilligkeit, sich der
Partei unterzuordnen, war zumindest teilweise durch politische Stilfragen bedingt. Dafür spricht ein Brief des Bonner
‚Hochschulgruppenführers' an von Schirach, in dem er sich
darüber beschwerte, dass ein wegen „unsittlichen Lebens-
wandels"[212] aus dem Bonner Studentenbund geworfener Jurastudent in der Bonner SA Fuß gefasst habe und dort nun gegen den NSDStB Stimmung mache.

---

[209] Hildebrandt, Studenten, S. 53.
[210] Kater, Studentenschaft und Rechtsradikalismus, S. 191.
[211] Ebd., S. 178.
[212] Ebd., S. 191; v. Maydell, NSDAP in Bonn, S. 158.

Von Maydell stellt zu dieser Auseinandersetzung zweierlei fest: Erstens sei

> eine deutlich andere Nuancierung gegenüber der damaligen Politik der Ortsgruppe unverkennbar, die erst im Laufe des Jahres 1932 auf die ständige und unbedingte Konfrontation verzichtete. [...] Angesichts des Stils des *Westdeutschen Beobachter*, angesichts des selbst für NS-Verhältnisse ungewöhnlich rüden Auftretens der Kölner Gaugrößen Ley und Grohe [sei] der Wunsch nach subtilerer Politik jedenfalls unschwer zu erklären.[213]

Zweitens belegt er anhand verschiedener im *Westdeutschen Beobachter* veröffentlichter Bekanntmachungen Hildebrandts, dass dieser unter den Bonner NS-Studenten nicht unangefochten war und dass sich Studenten inner- und außerhalb der Hochschulgruppe auf die Seite der Ortsgruppe stellten.[214]

Das Ende der Auseinandersetzung ist schwer festzulegen. Die Tatsache, dass Robert Ley, der schon vor der Gründung des Bonner NSDStB eine erbitterte Auseinandersetzung mit dessen Kölner Pendant hatte,[215] im Januar 1932 eine Untersuchung gegen Hildebrandt vor dem Partei-

---

[213] v. Maydell, NSDAP in Bonn, S. 159f. Ein weiteres Indiz für die verhältnismäßige Zurückhaltung des NSDStB in Bonn findet sich auch im Semesterbericht der Alemannen für das SoSe 1931, wo der Sprecher berichtet, dass Ausschreitungen wegen der besonnenen Haltung des örtlichen Studentenbundes nicht vorgekommen seien. Dabei ignoriert er die Ereignisse rund um die Wahl im selben Jahr. Vgl.: Paschen, Heinz, Semesterbericht Bonn SS. 1931, S. 62.

[214] Ebd., S. 159f.
[215] Wortmann, Universität Köln, S. 104f.

Schlichtungsausschuss einleitete, weist aber darauf hin, dass der Konflikt zu diesem Zeitpunkt noch nicht beendet war.[216] Kater vermutet, dass der Konflikt zwischen Orts- und Hochschulgruppe erst endete, als Hildebrandt sein Studium in Bonn beendete und in die Studentenbunds-Leitung nach München wechselte.[217]

Während von Schirach die Hilfegesuche seines Bonner Untergebenen selbst dann weitestgehend unbeachtet ließ, als dieser mit dem Rücktritt aus der NSDStB-Führungsriege drohte,[218] setzte sich Hikad umgekehrt ausgesprochen engagiert für den späteren ‚Reichsjugendführer' ein, als dieser sich gegen einen Putsch aus der zweiten Reihe wehren musste. Eine Gruppe, die sich um Reinhart Sunkel - seit 1930 NSDStB- Organisationsleiter und Stellvertreter des ‚Studentenbundführers'[219] - und den Bonner Privatdozenten Ernst Anrich gesammelt hatte, griff von Schirach offen in Denkschriften und mittels einer Unterschriftensammlung an. Der Oppositionsgruppe missfiel neben der Person ihres Vorgesetzten auch, dass dieser versuchte, den Studentenbund zu eng an den SA-Betrieb und die Münchener Parteileitung zu binden. Man wollte stattdessen im Studentenbund eine standesbewusste nationalsozialistische Bildungsoffiziersschicht ausbilden.[220] Der Umsturzversuch scheiterte auf Reichsebene daran, dass Hitler sich uneingeschränkt hinter von Schirach stellte, was

---

[216] Kater, Studentenschaft und Rechtsradikalismus, S. 178.
[217] Ebd., S. 192.
[218] Ebd., S. 192.
[219] Faust, Studentenbund Bd. 2, S. 163.
[220] Heiber Helmut, Universität unterm Hakenkreuz. Teil 1. Der Professor im Dritten Reich, Bilder aus der akademischen Provinz, München 1991, S. 418f.

Sunkels und Anrichs Ausschluss aus der Partei zur Folge hatte.[221]

Gleichzeitig galt es für von Schirach aber, die Hausmacht Anrichs in Bonn zu brechen. Dieser war neben seiner Tätigkeit im Studentenbund auch Gildenmeister der Hochschulgilde Ernst Wurche, einer Korporation mit Gliederungen in verschiedenen Städten, die er 1930 an den Studentenbund angliederte und die auch in Bonn einen Standort hatte. Der Historiker Hans-Paul Höpfner sieht den Hauptgrund für die Rückkehr Hildebrandts nach Bonn im Sinne von Schirachs, einen Gegenpol zu Anrich zu bilden.[222] Noch am Tag Anrichs Ausschlusses aus dem Studentenbund wurde er durch seinen Sender dazu aufgefordert die anderen Gildenmitglieder zum freiwilligen Austritt zu bewegen. Kurze Zeit später meldet er nach München, er sei erfolgreich gewesen.[223]

In seiner Autobiographie schildert der Bonner „Hochschulgruppenführer" mit viel Selbstbeweihräucherung, wie die Hochschulgilde geplant habe, Stimmung gegen den „Reichsführer" zu machen. Er selbst habe dem aber natürlich durch entschlossenes und taktisch kluges Handeln und Verhandeln zuvorkommen können.[224] Anrich dementierte die Schilderung Hildebrandts später und betonte, dass „Nur die Plicht, den ganzen Fall nicht wieder aufrollen zu dürfen" ihn dazu bewegt

---

[221] v. Schirach hatte sie schon zuvor aus dem Studentenbund ausgeschlossen. Für eine genauere Untersuchung des Putsches gegen v. Schirach siehe: Faust, Studentenbund Bd. 2, S. 153-166.
[222] Höpfner, Universität Bonn, S. 113.
[223] Faust, Studentenbund Bd. 2, S. 163.
[224] Hildebrandt, Studenten, S. 47.

habe, seinen Bonner Widersacher nicht zum studentischen Duell zu fordern.[225]

Die Auseinandersetzungen, die der Studentenbund in den Jahren 1930-1932 auszukämpfen hatte, sei es mit den elitär motivierten Anrich-Anhängern oder den grobschlächtigen, auf die Unterwerfung des Studentenbundes abzielenden Bonner Parteigenossen, werden dessen Führung beachtliche Energie gekostet haben, die nicht auf die Hochschulpolitik verwendet werden konnte. Es ist allerdings zu bezweifeln, inwiefern sie sich auf das Bild der Gruppe in der Studentenschaft ausgewirkt haben. Es sind jedenfalls keine Berichte von außerhalb bekannt, die von der Zerstrittenheit der Nationalsozialisten berichten.

Fazit

Bei der Betrachtung des NSDStB in Bonn sind mehrere Sachen auffällig.

Zum einen ist bemerkenswert, dass die Auseinandersetzungen, die innerhalb der Bonner Hochschulgruppe und mit anderen örtlichen Parteiorganisationen ausgefochten werden mussten, beachtlichen Druck auf die Bonner „Hochschulgruppenführer" ausgeübt haben. Das wird unter anderem an Hikads Rücktrittsdrohungen erkenntlich. Die innere Zerstrittenheit hinderte den Studentenbund aber kaum daran, Werbung für ihre Ideologie zu machen. Dem Veranstalten von Großversammlungen taten die Streitigkeiten trotz der Brutalität, mit der sie mitunter geführt wurden, jedenfalls keinen Abbruch.

---

[225] Anrich an Stäbel, BA Sig.: NS 38/4222. Anrich behauptet u.A., dass Mitglieder der Gildenschaft die NSDStB- Fraktion in der ASTAG noch über ein Jahr geführt hätten.

Auch beim gewaltsamen Straßenkampf scheinen sich, wenn nicht in der SA, dann doch zumindest in der SS, Parteigenossen gefunden zu haben, die bereit waren, im Sinne des Studentenbundes sozialistische Veranstaltungen zu sabotieren oder in den Wahlkampf der Studentenschaft einzugreifen.

Die gescheiterte Anrich-Sunkel-Opposition gegen Baldur von Schirach hatte ebenfalls das Potential, sich negativ auf die öffentliche Wahrnehmung, Mitgliedergewinnung und somit auch auf die Mitgliedsstärke des Bonner Studentenbundes auszuwirken. Egal, ob man Hildebrandt mit seiner Behauptung glaubt, er hätte die Mitglieder von Anrichs Hochschulgilde in kürzester Zeit auf seine Linie gebracht oder ausgeschlossen, oder Anrich selbst, der behauptete, die Hochschulgilde hätte trotz seines gescheiterten Umsturzversuches weiter produktiv in der Bonner Hochschulpolitik mitgearbeitet: In beiden Szenarien sind langfristig nur minimale Auswirkungen auf die Bonner Situation erkennbar.

Ähnlich unbedeutend blieb der sozialistische und sozialdemokratische Kampf gegen den Studentenbund. Zwar erkannten die in der SAG organisierten Studenten ihre nationalsozialistischen Kommilitonen bereits früh als Widersacher, und sei es nur, weil diese ebenfalls kein Hehl daraus machten, dass sie sich miteinander im Konflikt befanden. Der Rückhalt der Sozialisten innerhalb der Studentenschaft war aber zu gering, als dass die Sabotage und die Beleidigungen durch den NSDStB sich maßgeblich negativ auf das Bild des Studentenbundes in der restlichen Studentenschaft ausübten. Der kommunistische Aufruf zum Stimmenthalt scheint sich ebenfalls kaum bemerkbar gemacht zu haben. Jedenfalls war die Legitimität der studentischen Kammer dadurch nie gefährdet.

Wie sich die Tatsache, dass die ASTAG ab dem Sommersemester 1931 ihre Mitgliedsgebühren nicht von der Bonner Studentenschaft direkt einziehen konnte, auf die politische Ausrichtung der ASTAG ausübte, kann ebenso wenig rekonstruiert werden, wie die Frage, ob dies ohne eine Beschwerde von der Seite der sozialistischen Studenten nicht ohnehin geschehen wäre.

Der Republikanische Hochschulblock vertrat am rechten Ende des sozialistischen Spektrums an der Bonner Universität zwar die republiktreuste Position unter den in der ASTAG vertretenen Hochschulgruppen, konnte aber aufgrund des niedrigen Stimmanteils in den studentischen Wahlen nie unabhängig von den katholischen Gruppen fungieren. Seine Rolle in der Bonner Hochschulpolitik ging in der späten Weimarer Republik folglich nie über die eines Sammelbeckens für republikanisch gesinnte Studenten hinaus, die von der konfessionellen Bindung der ebenfalls republiktreuen und sehr viel einflussreicheren katholischen Freistudentenschaft abgeschreckt waren.

Der wahrscheinlichste Grund für die Schwäche des Bonner Studentenbundes ist ein Zusammenspiel der drei anderen Kräfte an der Bonner Universität. Dabei sei zunächst die Rolle der Universitätsverwaltung genannt. Diese war für die Schöpfung der ASTAG maßgeblich mitverantwortlich und verhinderte damit, dass sich eine unabhängige Studentenschaft in Bonn bildete, die nicht nur von Anfang an die Ressourcen der DSt zur Verfügung gehabt, sondern unabhängig von den Kräfteverhältnissen in Bonn spätestens ab 1932 der nationalsozialistischen Führung des Studentenbundes unterstanden hätte.

Die Unterstützung durch die Universität und besonders durch Heinrich Konen, erzeugte in den Studenten im Bonner Waffenring außerdem ein Loyalitätsverhältnis, das dazu beitrug, dass sie nicht bereit waren, die ASTAG über die Mitgliedschaft in der DSt zu zerbrechen. Dass die Rektoren neben ihrem akademischen Ordnungsgefühl vor allem durch die Ablehnung der NS-Ideologie motiviert waren, hieß allerdings nicht, dass sie sich diesen gegenüber derart benachteiligend verhalten haben, wie Hildebrandt behauptete. Tatsächlich geben die Anklagepunkte der sozialistischen Studenten von 1929 Anhaltspunkte dafür, dass Rektor Rademacher den Nationalsozialisten noch Freiheiten zugestanden hatte, die der SAG verwehrt waren. Zumindest Rademacher sah im Sozialismus also noch eine größere Gefahr als im Nationalsozialismus.

Wie bereits eingangs erwähnt ist die hohe Anzahl der katholischen Studenten in Bonn und deren konsequente Ablehnungshaltung gegen den Nationalsozialismus ein wahrscheinlicher Grund dafür, dass die Nationalsozialisten nie die Mehrheit in der ASTAG erreichen konnten. Egal ob freistudentisch oder in Korporationen organisiert, zogen die katholischen Studenten aus der durch die Bischöfe erklärten Unvereinbarkeit mit dem Nationalsozialismus Konsequenzen und beanspruchten gleichzeitig wie selbstverständlich die Führungsrolle an der aus ihrer Sicht katholischen Bonner Universität.

Dabei waren jedoch Einige wirksamer als Andere in der Lage, ihren rassistischen und antidemokratischen Widersachern ideologisch etwas entgegenzusetzen. Vor allem die durch den CV und RKDB vertretene Ambivalenz der demokratischen Staatsordnung gegenüber und die teilweise vorhandenen antisemitischen Ansätze brachten diese Gruppen dem Nationalsozialismus näher als diejenigen Freistudenten und Korporierten, die sich vollmundig zur deutschen Demokratie bekannten. Das äußerte sich in Bonn hauptsächlich im Beitritt der ASTAG zur DSt und blieb wegen der ‚Gleichschaltung' der Universitäten und staatlichen Anerkennung der DSt im darauffolgenden Jahr weitestgehend ohne Konsequenzen.

Letztlich sind noch die nationalkonservativen Gruppen und die im Waffenring organisierten Verbindungen zu nennen. Vor allem die Burschenschaften, die anderswo mitunter die Mehrheit der Studentenbundmitglieder stellten, reagierten in Bonn schon früh auf die neue Konkurrenz um die Stimmen der rechten Bonner Studenten und verhinderten so allzu tiefe personelle Verknüpfungen mit ihren späteren Widersachern. Durch das Aufstellen einer eigenen Liste mit Wahlzwang für ihre Mitglieder zwangen die Bonner Burschenschaften andere Verbindungen im Waffenring dazu, ihrem Beispiel zu folgen. Die personelle Unabhängigkeit wiederum war es, die es den schlagenden Verbindungen nach der Wahl im Wintersemester 1931/1932 ermöglichte, sich für den ASTAG und gegen die nationalsozialistischen Pläne der Gründung einer konkurrierenden Studentenschaft zu wenden.

Weiteren Spielraum erhielten die Waffenstudenten allerdings auch dadurch, dass mit den Katholiken ein alternativer Partner genug Einfluss hatte, um eine gemeinsame Front gegen den Studentenbund zu bilden. Vor allem der RKK zeigte sich bereit, den Waffenstudenten weite Zugeständnisse zu machen, was zwar einerseits im bereits erwähnten Beitritt zur DSt endete, diese aber gleichzeitig auch vom Wert einer erneuten Zusammenarbeit mit den Katholiken nach der ASTAG-Wahl im Februar 1933 überzeugte. Ähnliches gilt für die nationalkonservativen Verbindungen und Hochschulgruppen im nationalen Hochschulblock. Dabei ist es möglich, dass die frei-studentischen Gruppen im nationalen Hochschulblock eher durch ideologische Unterschiede motiviert waren als die Verbindungen, ob sie nun Teil des Waffenrings waren oder im Hochschulblock. Letztere waren jedenfalls in großem Maße über die Verfügungsgewalt besorgt, die sie traditionell über den Alltag ihrer Mitglieder ausübten, was bei einer normalen freistudentischen Hochschulgruppe schwer vorstellbar ist.

Um die Frage zu beantworten, warum der Studentenbund in Bonn nicht vor der Machtergreifung Fuß fassen konnte, lässt sich also sagen, dass die Rektoren, Kuratoren und der Senat der Universität Bonn mit der ASTAG ein Umfeld schafften, in dem die katholischen Studenten ihre numerische Stärke zum Ausdruck bringen und die schlagenden Verbindungen früh ihren drohenden Einflussverlust an den Studentenbund erkennen konnten. Dieses Umfeld war zunächst dadurch garantiert, dass die ASTAG nicht Mitglied in der DSt und die Bonner Hochschulpolitik damit von dem Kontext der gesamtdeutschen Hochschulpolitik isoliert war. Als sich dies durch den Eintritt der ASTAG in die DSt änderte, hatten auch die rechten Gruppen die Gefahr erkannt, die von dem allgemeinen Machtanspruch des NSDStB über das Leben der Studenten ausging und arbeiteten lieber zusammen mit katholisch- republikanischen Gruppen gegen den NSDStB, als sich ihm anzuschließen.

Diese Erklärung wirft allerdings ihrerseits Fragen auf, etwa die, warum die Bonner Burschenschaften so entschlossen auf den drohenden Machtverlust an den Studentenbund reagierten, während andernorts ähnlich traditionsbewusste Studentenschaften freiwillig mit dem Studentenbund zusammenarbeiteten. Für die Beantwortung derselben ist allerdings eine weitere Untersuchung erforderlich.

Literaturverzeichnis

Abendroth, Wolfgang, Das Unpolitische als Wesensmerkmal der Deutschen Universität,in: Nationalsozialismus und die Deutsche Universität (Universitätstage
1966), S. 189.

Baecker, Roger, Klingemann, Karl, in: Biographisch-
Bibliographisches Kirchenlexikon,Band 4, 1992, Sp.
61-64.

Balder, Hans Georg, Frankonia-Bonn 1845-
1995. Die Geschichte einer BonnerBurschen-
schaft, Calbe 2006.

Bauer, Axel W., Innere Medizin, Neurologie und Dermatologie, in: Eckart, Wolfgang U., Sellin, Volker, Wolgast, Eike
(HgHg.), Die Universität Heidelberg im Nationalsozialismus,Heidelberg 2006, S. 719-810.

Bothien, Pierre, Das braune Bonn. Personen und
Ereignisse (1925-1939) (ForumGeschichte 5),
Bonn 2005.

Eckart, Wolfgang, Die medizinische Fakultät, in:
Eckart, Wolfgang U., Sellin, Volker, Wolgast, Ei-
ke(HgHg.), Die Universität Heidelberg im Nationalsozialismus, Heidelberg2006, S. 641-650.

Eitel, Wilhelm, Stürmen und Bauen... . Das Jahr 1931, in:
Wir tragen das Banner der Freiheit. 10 Jahre Kampf um
eine Hochschule. Festschrift zur 10-Jahresfeier des NS-
Studentenbundes Hochschulgruppe Bonn. 14. bis 16. Januar 1938, Bonn 1938. S. 29-37.

Faust, Anselm, Der Nationalsozialistische Deutsche Studentenbund. Studenten undNationalsozialismus in der Weimarer Republik. Band 1, Düsseldorf 1973.

Faust, Anselm, Der Nationalsozialistische Deutsche Studentenbund. Studenten undNationalsozialismus in der Weimarer Republik. Band 2, Düsseldorf 1973.

Feldkamp, Michael, Arminia 1863-1988 - Geschichte und Entwicklung, in: KStV Arminia1863-1988, Feldkamp, Michael (Hg.), Bonn 1988, S. 9-31.

Fuchs, Katharina, Zum Verhältnis des NS-Studentenbundes zu den studentischen Korporationen an der TH Stuttgart zwischen Republik und Diktatur (1928-1935) unterbesonderer Berücksichtigung der Stuttgarter Burschenschaft Ghibellinia (Stuttgarter Beiträge zur Wissenschafts- und Technikgeschichte 16) Berlin 2021.

Giles, Geoffrey, Students and National Socialism in Germany, Princeton 1985.

Grüttner, Michael, Studenten im Dritten Reich, Paderborn 1995.

Heiber Helmut, Universität unterm Hakenkreuz. Teil 1. Der Professor im Dritten Reich,Bilder aus der akademischen Provinz, München 1991.

Hildebrandt, Hans, Aus der Geschichte des NS-Studentenbundes, in: Volk im Werden,Krieg, Ernst (Hg.), Dritter Jahrgang, Leipzig 1935, S. 86-91.

Hildebrandt, Hans, Studenten im Braunhemd, Berlin 1933.

Hillgruber, Christian, Studentenproteste und Hochschulreform (1965-1991), in: Geppert, Dominik (hg.), Forschung und Lehre im Westen Deutschlands 1918-2018 (Geschichte derUniversität Bonn, Band 2), Göttingen 2018, S.7-114.

Höpfner, Hans-Paul, Die Universität Bonn im Dritten Reich. Akademische Biographien unter Nationalsozialistischer Herrschaft (Akademia Bonnensia. Veröffentlichungen desArchivs der Rheinischen Friedrich-Wilhelms-Universität zu Bonn 12) Bonn 1999.

Kater, Michael H., Studentenschaft und Rechtsradikalismus in Deutschland 1918-1933. Eine sozialgeschichtliche Studie zur Bildungskriese in der Weimarer Republik (Historische Perspektiven 1), Hamburg 1975.

Krämer, Karl Emerich, Wo wir stehen, steht die Treue! Das Jahr 1932, Wir tragen das Banner der Freiheit. 10 Jahre Kampf um eine Hochschule. Festschrift zur 10-Jahresfeierdes NS-Studentenbundes Hochschulgruppe Bonn. 14. bis 16. Januar 1938, Bonn 1938, S. 41-44.

Kreutz, Wilhelm, Studenten im Kampf für die Weimarer Republik. Vom "Reichskartell derRepublikanischen Studenten" zum Republikanischen Studentenbund (1922-1933), in: JbUG 17, Stuttgart 2014, S.185-199.

Küpper, Gertrud, Lili Simon, in: Ludwig, Hartmut et al. (hghg), Evangelisch Getauft - als"Juden" verfolgt. Theologen jüdischer Herkunft in der Zeit des Nationalsozialismus, Stuttgart 2014, S.324f.

o.A., Frankonia Dir gehör' ich. Ein Buch der Bonner Franken. 1845-1970, Wangen imAllgäu 1970.

o.A., Geschichte der Katholisch Deutschen Burschenschaft Sigfidia im Ring KatholischDeutscher Burschenschaften. 1910-1990 (2. Überarbeitete und erweiterte
Auflage), Bonn 1990.

Oldenhage, Klaus, Die Bonner Korporationen vom Beginn
der Weimarer Republik bis zuihrer Auflösung in den Jahren 1935/1936, in: Komphardt, Karl; Neupert, Herbert;
Rotthoff, Michael; Stehli, Stephen Gerhard (HgHg.), Studentenverbindungen und Verbindungsstudenten in
Bonn, Haltern 1989, S.83-119.

Oppelland, Torsten, Gerhard Schröder (1910-1989). Politik zwischen Staat, Partei undKonfession (Forschungen und Quellen der Zeitgeschichte 39), Düsseldorf
2002.

Peth, Walter, Aufhebt unsere Fahnen, in: Wir tragen
das Banner der Freiheit. 10 JahreKampf um eine Hochschule. Festschrift zur 10-Jahresfeier des NS-
Studentenbundes Hochschulgruppe Bonn. 14. bis 16.
Januar 1938, Bonn 1938, S. 9-17.

Rademacher, Arnold, Einleitung, in: Chronik der
Rheinischen   Friedrich-Wilhelms-Universität   zu
Bonn. Rademacher, Arnold (hg.), (Jahrgang 54,
akademisches Jahr1928/1929), Bonn 1930, S.4ff.

Ries, Johannes, Arnold Rademacher. 1873-1939, in:
Stasiewski, Bernhard (Hg.) Katholische Theologie (150
Jahre Rheinische Friedrich-Wilhelms-Universität zu
Bonn 1818-1968. Bonner Gelehrte. Beiträge zur Ge-
schichte der Wissenschaften in Bonn. 2),Bonn 1968,
S.78-93.

Roesch, Die Stellung des Unitas-Verbandes zur Deutschen Studentenschaft, in: Unitas.Monatsschrift des Verbandes der Wissenschaftlichen Katholischen Studentenvereine Unitas 72/9 (1931/1932), S. 164-168.

Roth, Thomas, Adelheid Torhorst und Marie Torhorst, in: 100 Jahre Frauenstudium. Frauen der Rheinischen Friedrich-Wilhelms-Universität Bonn, Kuhn, Annette, Rothe, Valentine, Mühlenbruch, Brigitte (hghg), Göttingen 1996, S. 166-169.

Schaefer, Karl Theodor, Verfassungsgeschichte der Universität Bonn: 1818 bis 1960, Bonn 1968.

Schatz, Klaus, Zwischen Säkularisation und zweitem Vatikanum. Der Weg des deutschenKatholizismus im 19. und 20. Jahrhundert, Frankfurt am Main 1986.

Schulz, Günther, Lanzerath, David, Besatzungszeit und demokratische Öffnung (1918- 1933), in: Geppert, Dominik (hg.), Forschung und Lehre im Westen Deutschlands 1918-2018 (Geschichte der Universität Bonn, Band 2), Göttingen 2018, S.7-114.

Senf, Paul, Nur der Freiheit gehört unser Leben. Das Jahr 1930, in: Wir tragen das Bannerder Freiheit. 10 Jahre Kampf um eine Hochschule. Festschrift zur 10-Jahresfeier des NS- Studentenbundes Hochschulgruppe Bonn. 14. bis 16. Januar 1938, Bonn 1938, S. 21-26.

Sklorz, Norbert, Die "politische" Haltung der Academia 1918-1935. Ein Beitrag zur Geschichte des CV in der Weimarer Republik (Veröffentlichungen des Archivvereins desMarkomannia 18), Würzburg 1980.

Spieß, Carl Friedrich, Die Burschenschaft der Norddeutschen. 1869-1945, in: Frohberg,Georg; Lorenz, Rüdiger; Spieß, Karl-Friedrich (HgHg.), Die Burschenschaft der Norddeutschen und Niedersachsen zu Bonn. 1869-1969. Beiträge zu ihrer Geschichte, Bonn 1969, S.9-56.

v. Maydell, Joachim, Die NSDAP in Bonn bis zur Errichtung des „Dritten Reiches",Staatsexamensarbeit, Bonn 1977. (Auffindbar im Bonner Stadtarchiv)

v. Schirach, Baldur, Wille und Weg des Nationalsozialistischen DeutschenStudentenbundes, München 1929.

Walter, Franz, Sozialistische Akademiker- und Intellektuellenorganistaionen in derWeimarer Republik. Solidargemeinschaft und Milieu: Sozialistische Kultur- und Freizeitorganisationen in der Weimarer Republik, Band 1 (Politik und Gesellschaftsgeschichte 22), Bonn 1990.

Wortmann, Michael, Der Nationalsozialistische Deutsche Studentenbund an derUniversität Köln (1927–1933), in: GiK 8 (1980), S. 101–118.

Zirlewagen, Marc, "Unser Platz ist bei der großen völkischen Bewegung". Der Kyffhäuser-Verband der Vereine Deutscher Studenten und der völkische Gedanke, Norderstedt 2014.

Zorn, Wolfgang, Student Politics in the Weimar Republic, in: JCH 5, S. 128-143.

Unveröffentlichte Quellen

Aus dem Bundesarchiv Berlin Lichterfelde

Anrich an Stäbel, Bundesarchiv Sig.: NS 38/4222.

Anrich, Ernst, Bonn als geistige Festung an der Westgrenze, Bundesarchiv Sig.: NS38/2281.

Blümel an Reichsleitung der DSt v. 06.07.1932, Bundesarchiv Sig.: NS 38/41.

Hildebrandt an Lienau über die Hochschulpolitische Lage in Bonn v. 30.09.1931.,Bundesarchiv Sig.: NS 38/41.

Hildebrandt an Lienau v. 19.11.1931, Bundesarchiv Sig.: NS 38/41.

Aus dem Bonner Universitätsarchiv

Allgemeine Studentische Arbeitsgemeinschaft, Entschließung!, Universitätsarchiv Bonn,Kuratorium 106, Studentenschaft.

Allgemeine Studentische Arbeitsgemeinschaft an Proske v. 01.05.1931, Universitätsarchiv Bonn, Kuratorium 106, Studentenschaft.

Allgemeine Studentische Arbeitsgemeinschaft, Einnahmen der ASTAG im SoSe 1932,Universitätsarchiv Bonn, Kuratorium 106, Studentenschaft.

Allgemeine Studentische Arbeitsgemeinschaft, Vorstände und Ausschüsse im neuenASTAG v.

27.02.1931, Universitätsarchiv Bonn, Kuratorium
106, Studentenschaft.

Konen an Proske v. 16.03.1932, Universitätsarchiv Bonn, Kuratorium 106,Stu-
dentenschaft.

Proske an Grimme v. 14.02.1930, Universitätsarchiv Bonn, Kuratorium 106,Stu-
dentenschaft.

Proske an Grimme v. 17.02.1931, Universitätsarchiv Bonn, Kuratorium 106,Stu-
dentenschaft.

Proske an Grimme v. 22.02.1930, Universitätsarchiv Bonn, Kuratorium 106,Stu-
dentenschaft.

Senat der Universität Bonn, Abschrift des Se-
natsbeschlusses zur Anerkennung der
ASTAG,Universitätsarchiv Bonn, Kuratorium 106,
Studentenschaft.

Siebeck an Proske v. 11.11.1930, Universitätsarchiv Bonn,
Kuratorium 106,Studentenschaft.

Aus dem Archiv des Rings Katholisch Deutscher Bur-
schenschaften

Protokoll der sechsten Ringtagung des Ringes Katholisch Deutscher Burschenschaften.13.-16.06.1930,
Archiv des Rings Katholisch Deutscher Burschenschaften.

Aus Privatbeständen des Autors

Fuldaer Bischofskonferenz, impendenda asseclis societatum vetitarum, Winke betr. Aufgaben der Seelsorger gegenüber glaubensfeindlichen Vereinigungen, Beschluß derBischofskonferenz zu Fulda, 05.08.1931.

Zeitungsquellen

General-Anzeiger für Bonn und Umgebung (abrufbar online auf https://zeitpunkt.nrw/)

o.A., Auftakt zu den Bonner Astagwahlen, in: General-Anzeiger vom 26.01.1932, S. 3.

o.A., Aus dem Universitätsleben, in: General-Anzeiger vom 21.02.1930, S. 3.

o.A., Aus dem Universitätsleben, in: General-Anzeiger vom 27.05.1930, S.3.

o.A., Aus dem Universitätsleben, in: General-Anzeiger vom 30.01.1931, S. 3.

o.A., Bericht der Kammersitzung der Astag, in: General-Anzeiger vom 28.07.1932, S. 3.

o.A., Das sittliche Recht und die Grenzen der nationalen Opposition, in: General-Anzeigervom 08.12.1932, S. 3.

o.A., Demokratie und Diktatur, in: General-Anzeiger vom 23.01.1931, S. 3.

o.A., Der Fünfjahrplan der Sowjetunion, in: General-Anzeiger vom 17.07.1930, S. 3.

o.A., Der Reichsleiter des Nationalsozialistischen Deutschen Studentenbundesfestgenommen, in: General-Anzeiger vom 06.07.1931, S. 2.

o.A., Der Wahlkampf, in: General-Anzeiger vom 02.02.1932, S. 3.

o.A., Die Astag protestiert gegen Polens Behandlung der Minderheiten, in: General-Anzeiger vom
29.01.1931, S. 3.

o.A., Die Bonner Astag beschlußunfähig, in: General-
Anzeiger vom 20.02.1932, S. 3.

o.A., Die Bonner Astag-Wahlen, in: General-Anzeiger vom
03.02.1932, S. 3.

o.A., Die Bonner ASTAG-Wahlen, in: General-Anzeiger
vom 14.02.1931, S. 3.

o.A., Die Bonner Studenten protestieren gegen Polens
Behandlung der Minderheiten, in:General-Anzeiger
vom 26.01.1931, S. 3.

o.A., Die erste Immatrikualtion, in: General-Anzeiger vom
17.04.1931, S. 3.

o.A., Die neue Bonner Studentenkammer, in: General-
Anzeiger vom 08.02.1933, S. 3.

o.A., Die republikanischen Studenten, in: General-
Anzeiger vom 10.11.1931, S. 3.

o.A., Die soziale Stellung des Studenten, in: General-
Anzeiger vom 19.07.1930, S. 3.

o.A., Die Studentenkammer zum Streit um das
Denkmal "Flamme Empor", in: General-Anzeiger vom
03.12.1930, S. 3.

o.A., Die Studentenunruhen vor der Kölner Universität
vor Gericht, in: General-Anzeigervom 11.07.1931, S. 1.

o.A., Erste Kammersitzung der studentischen Arbeitsgemeinschaft der Universität Bonn,in: General-
Anzeiger vom 01.03.1930, S. 3.

o.A., Gegen den Polenterror, in: General-Anzeiger vom
31.01.1931, S. 3.

o.A., Gegen die Versetzung "Flamme empor!". 1500
Studenten erheben Einspruch, in:General-Anzeiger
vom 28.11.1930, S. 3.

o.A., Gründung einer neuen Bonner studentischen
Arbeitsgemeinschaft, in: General-Anzeiger vom
13.02.1930, S. 3.

o.A., Hochschulreform und Studentenschaft, in: General-
Anzeiger vom 11.12.1930, S. 3.

o.A., Kammersitzung der Allgem. Student.-Arbeits-
Gemeinschaft Astag, in: General-Anzeiger vom
14.06.1932, S.3

o.A., Kammersitzung in der Bonner Universität, in: General-Anzeiger vom 13.11.1931,

S. 3.
o.A., Kammerwahlen an den Bonner Hochschulen, in: General-Anzeiger vom 22.02.1930,

S. 4.
o.A., Kranzniederlegung an den Gefallenen-
Gedenktafeln, in: General-Anzeiger vom
31.07.1931, S. 3.

o.A., Neuer Krawall in Köln, in: General-Anzeiger vom
04.07.1931, S. 1.

o.A., Neugründung einer Bonner Studentenschaft, in: General-Anzeiger vom 25.01.1930, S. 3.

o.A., Rationalisierung und Arbeitslosigkeit, in: General-Anzeiger vom 19.11.1931, S. 3.

o.A., Republikanischer Hoschschul-Block, in: General-Anzeiger vom 06.02.1933, S. 3.

o.A., Russisches Reisen, in: General-Anzeiger vom 03.12.1931, S. 3.

o.A., Studentenunruhen in Köln, in: General-Anzeiger vom 03.07.1931, S. 2.

o.A., Studentische Zentrumsgruppe Bonn, in: General-Anzeiger vom 02.02.1931, S. 3.

o.A., Über Russland und den Bolschewismus, in: General-Anzeiger vom 19.05.1930, S. 3.

o.A., Überfall auf Studenten, in: General-Anzeiger vom 10.12.1930, S. 3.

o.A., Um das Gefallenen-Denkmal, in: General-Anzeiger vom 11.12.1930, S. 3.

o.A., Universität und Arbeitslosenfrage, in: General-Anzeiger vom 02.10.1931, S. 3.

o.A., Universitätsleben, in: General-Anzeiger vom 02.07.1932, S. 3.

o.A., Universitätsleben, in: General-Anzeiger vom 17.02.1933, S. 3.

o.A., Universitätsleben, in: General-Anzeiger vom
21.04.1932, S. 3.

o.A., Universitätsleben, in: General-Anzeiger vom
23.01.1933, S. 3.

o.A., Von der Bonner Astag, in: General-Anzeiger vom
27.02.1932, S. 3.

o.A., Von Leningrad zum Kaukasus, in: General-Anzeiger
vom 30.11.1931, S. 3.

o.A., Vortragsabend der katholischen Studentenschaft, in: General-Anzeiger vom
15.07.1931, S. 3.

o.A., Zu den Astagwahlen, in: General-Anzeiger vom
29.01.1932, S. 3.

o.A., Zur Astag-Wahl, in: General-Anzeiger vom
13.02.1931, S. 3.

o.A., zur Vergebung der Hörsäle, in: General-Anzeiger vom
24.07.1931, S. 3.

Verstege, Heinrich, Erwerbslosenunterricht durch Studenten, in: General-Anzeiger vom22.09.1931, S. 3.

Verstege, Heinrich, Universität und Erwerbslo-
senfrage, in: General-Anzeiger vom05.10.1931,
S. 3.

Bonner Alemannenzeitung (Auffindbar im Bonner Universitätsarchiv)

Bertrams, Semesterbericht Bonn, S.-S. 1928, in: Bonner Alemannen-Zeitung 9/5 (1928),S. 123-129.

Kreuzer, Ed., Semesterbericht Bonn W. S. 1930/31, in:
Bonner Alemannen-Zeitung 12/2(1931), S. 24-26.

Lemmen, Günther, Bericht des Sprechers
über das W.S. 1932/1933, in: BonnerAle-
mannen-Zeitung 14/1 (1933), S. 24-27.

Lemmen, Günther, Bericht über das SS. 1932, in:
Bonner Alemannen-Zeitung 13/3(1932), S. 49-
52.

Lorenz, Reinhard, Bericht des Sprechers über das
S.S. 1933, in: Bonner Alemannen-Zeitung 14/4
(1933), S. 76-79.

Müller, Hans Joachim, Neugründung einer
Bonner Studentenschaft, in: BonnerAleman-
nen-Zeitung 11/2 (1930), S. 21f.

o.A., Bericht des Burschenkränzchenleiters, in: Bonner
Alemannen-Zeitung 12/2 (1931),

S. 27f.
Paschen, Heinz, Semesterbericht Bonn SS. 1931, in:
Bonner Alemannen-Zeitung 12/4(1931), S. 61-63.

Seippel, H.J., Hochschulpolitik im W. S. 1931/1932, in:
Bonner Alemannen-Zeitung 13/1(1932), S. 27f.

Deutsche Reichs-Zeitung (abrufbar online auf
https://zeitpunkt.nrw/)

o.A., Astag-Wahl als Symptom, in: Deutsche Reichs-
Zeitung vom 14.02.1931, S. 4.

o.A., Aussprache zwischen Zentrum u. Nazis, in: Deutsche Reichs-Zeitung vom 02.12.1931, S. 3.

Rheinische Zeitung (Auffindbar in der Universitäts- und Landesbibliothek Bonn)

Sozialistische Arbeitsgemeinschaft an der Universität Bonn, Willkür-Herrschaft an derBonner Hochschule, in: Rheinische Zeitung vom 21.02.1929, S. 9.

Der Ring (Auffindbar im Archiv des RKDB)

Fischer, Edward, Bemerkungen zu hochschulpolitischen Fragen, in: Der Ring, 8/1 (1932),S. 5-8.

Fischer, Edward, Keine Parteipolitik, in: Der Ring, 8/2 (1932), S. 23-26.

Bonner Student (Auffindbar im Bonner Universitätsarchiv)

Meys, E., Die Bonner ASTAG, in: Bonner Student 1/1 (1930), S. 6f.

o.A., Katholische Freistudentenschaft und ASTAGwahl, in: Bonner Student 2/3 (1932),

S. 7f.
Simon, Lili, Mühlfelder, Werner, Kommilitonen! Kommilitonen!, in: Bonner Student 2/3(1932) S.9.

Arminen-Blätter (Auffindbar im Archiv für Christlich Demokratische Politik)

Arminen-Blätter Nr. 27, 20.03.1930, Archiv für Christlich Demokratische Politik, BestandArminia, 06-010-107.